GRILLEN

ZU JEDER GELEGENHEIT

Vorwort

Liebe Genießerinnen,
liebe Genießer,

Auch wir kamen, wie alle übrigen Menschen, ohne tieferes Verständnis für die Kunst und die zahlreichen Techniken des Grillens zur Welt. In unserer Familie wurde ab und zu im Sommer gegrillt. Schweinehalssteak, Schweinebauch oder eine rote Wurst waren zu dieser Zeit ganz normal.

Heute ist für uns ein Leben ohne Grillen nicht mehr denkbar.
Über viele Jahre sammelten wir Wissen aus allen Kulturen
und befragten dutzende Experten zum Thema Grillen.
Nun sind wir bereit und möchten all das Wissen weitergeben.

Lebensmittel sind die Rohstoffe, mit denen wir arbeiten. Es gibt keine gesunden oder ungesunden Lebensmittel. Das wichtigste bei Lebensmitteln ist die Qualität und wo sie herkommen. Frische ist bei Gemüse, Obst oder Fisch der Grundstock für Geschmack. Achten Sie auf regionales Obst, Gemüse, Geflügel, Fisch und Fleisch. Die Qualität ist besser und man weiß, woher es kommt! In ihnen steckt die Leidenschaft des Landwirtes, die wir benötigen für ein geschmackvolles und leckeres Grillergebnis.

Grillen ist Leidenschaft, Geschmack und Genuss! Egal ob direktes oder indirektes Grillen. Eine Frage ist zu klären: Holzkohle, Gas oder Elektrogrill? Ein Smoker, Pelletsgrill, Watersmoker oder eine Gasstation?

Wir wünschen Ihnen mit unserem Grillbuch viele schöne Grillgenussmomente!

Bianca und Mathias Kern

Inhalt

Timolina/Shutterstock.com

Informationen

Abkürzungen

EL = Esslöffel
g = Gramm
gem. = gemahlen
kg = Kilogramm
l = Liter
ml = Milliliter
Min. = Minuten
St. = Stück
TK = Tiefkühl
TL = Teelöffel

Rezeptmenge

Ist nichts anderes angegeben, reicht die angegebene Rezeptmenge für 4 Personen.

Zeichenerklärung

Zeitaufwand/ Vorbereitung:	10–20 min.	20–30 min.	über 30 min.	
Schwierigkeit:	★☆☆ leicht	★★☆ mittel	★★★ schwer	
Grillen:	direkt	indirekt		
Art:	Rind	Schwein	Huhn	Gans
	Fisch/Meeresfrüchte	Wild	Vegan	Vegetarisch

Kleine Grillkunde

Direkt Grillen

Beim direkten Grillen liegt das Grillgut direkt über der Hitzequelle. Also über der Holzkohle, den Gasbrennern oder der Elektrospirale. Vor allem für Kurzgebratenes, Steaks und Würste geeignet.

Dutch Oven

Gusseiserner Topf, in dem nicht nur Schmorgerichte zubereitet werden können. Das Gusseisen gibt die aufgenommene Wärme von Kohle und Gas gleichmäßig ab und ermöglicht es, mit dem Topf auch zu backen.

Bratenkorb

Ideal zum Grillen von großen Bratenstücken. Damit liegt der Braten ca. 2 cm über dem Rost. Mit dieser Erhöhung und indirektem Grillen muss der Braten damit nicht gedreht werden und erhält rundherum eine krosse Oberfläche.

Drehspiess

Gerichte vom Drehspieß sind besonders zart und saftig. Nutzen Sie das Drehspieß-Set um im eigenen Garten Hühnchen wie vom Jahrmarkt zu grillen. Des Weiteren ist es auch möglich eine Gans, Ente oder Pute zu grillen. Große Bratenstücke lassen sich ebenfalls sehr gut damit grillen.

Elena Veselova/Shutterstock.com, EJJohnson Photography/Shutterstock.com

Gussplatte

Gusseiserne Platte zum Auflegen auf den Grill. Grillgut kann so auf einer großen, geschlossenen Fläche gegrillt werden.

Pizzastein

Um auf dem Grill Pizza wie beim Italiener zu backen wird ein Pizzastein benötigt. Diesen sollte man ca. 20 Min. bei sehr hoher Temperatur vorheizen.

Fleischthermometer

Mithilfe des Fleischthermometers lässt sich während des Grillvorgangs die Kerntemperatur von Ihrem Grillgut feststellen. So lässt sich der perfekte Garpunkt ermitteln.

Indirektes Grillen

Beim indirekten Grillen wird das Grillgut nicht über die Hitzequelle gelegt.
Die glühenden Briketts werden links und rechts platziert, in der Mitte unter dem Grillgut wird eine Fett-Auffangschale platziert.
Bei Gasgrills werden die Brenner ausgeschaltet, über denen sich das Grillgut befindet.
Der Deckel des Grills bleibt geschlossen, sodass die heiße Luft zirkulieren kann und von allen Seiten Hitze an das Grillgut abgibt. Das Fleisch wird so besonders saftig.
Indirektes Grillen ist besonders für große Fleischstücke (Braten, Hähnchen, Gans, ...), aber auch für Gemüse geeignet.

Wood Chips

In einer Räucherbox, oder direkt zur glühenden Kohle, erzeugen Wood Chips ein rauchiges Holzaroma des Grillguts. Die Holzstücke sollten vor der Verwendung im Holzkohlegrill mind. 40 Min. gewässert werden. Bei Verwendung im Gasgrill mit der Räucherbox die Wood Chips nur 15 min. wässern.

Smoken

Beim Smoken wird das Grillgut schonend, und über einen längeren Zeitraum (6–20 Stunden !!) bei relativ niedrigen Temperaturen (80–120 Grad) gegart. Dadurch werden die Fleischstücke besonders zart. Durch die Verwendung von Räucherhölzern und Chips bekommen gesmokte Gerichte ihren typischen Geschmack.

Wok

Grill-Kochen im Asia-Style, mit einem porzellanemaillierten Gusseisen-Wok oder mit einem Edelstahl Grill-Wok. Hiermit zaubern Sie garantiert neue kulinarische Köstlichkeiten, herzhaften Eintopf, delikate Suppen und natürlich original Wok-Gerichte!

Shisch Kebap Spiesse

Die Spieße-Halterung mit Rotier Mechanismus sorgt für eine völlig neue Grillerfahrung. Die Edelstahl-Halterung hebt die vier großen Spieße an, sodass sie gleichmäßig von Hitze umgeben sind und nicht am Rost haften bleiben. Das spezielle Spieße-Design ermöglicht außerdem ein gleichmäßiges Rotieren der Spieße, sodass das Grillgut gleichmäßig gar wird.

Mop

Ein Mop ist eine dünnflüssige Sauce, die man als Marinade verwenden kann, sowie auch zum Bestreichen des Grillgutes. Dieses Bestreichen mit einem dicken Pinsel nennt man „Moppen“.
Da die Mop-Sauce während des Grillens öfter aufgetragen wird, schützt sie das Grillgut vor dem Austrocknen.

Rub

Mit einem Rub wird das Grillgut mariniert. Das heißt, die trockene Gewürzmischung (Dry Rub) wird in das Fleisch einmassiert.
Mit Frischhaltefolie einwickeln und ein paar Stunden im Kühlschrank einziehen lassen.
Der Vorteil eines Rubs besteht darin, dass fast kein Fett/Öl in die Glut tropft.

Marinade

Wird ein einem Rub Olivenöl und Essig untergemengt, verwandelt er sich in eine Marinade.
Die Säure einer Marinade (z.B. Saft von Zitrusfrüchten oder Wein) macht das Fleisch zart und mürbe.
Das Grillfleisch wird in die Marinade eingepinselt, dann mit Folie umwickelt und mehrere Stunden – oft auch über Nacht – liegen gelassen, damit das das Aroma schön in das Fleisch einziehen kann.

stockcreations/Shutterstock.com

aurelia
Mit
aurelia wird Ihr
Grillabend zum
Geschmackserlebnis!
www.allgaeuer-naturprodukte.de
aurelia Allgäuer Naturprodukte · Rechbergstraße 11 · 87561 Oberstdorf
aurelia Allgäuer Naturprodukte · Alte Salzstraße 27 · 88171 Weiler-Simmerberg

GRILLEN

im Frühling

Zeitaufwand: ◔○○
Schwierigkeit: ★☆☆
Grillen: direkt
Art: mit Schwein

Flammkuchen „Allgäuer Art“

Zutaten

Pro Flammkuchen:

- 1 Flammkuchenboden (Kühltheke)
- 100 g Schmand
- 1 EL gem. Kräuter (Petersilie, Schnittlauch, Thymian) oder Gewürzmischung (o. z.B. aurelia Wildkräutermischung)
- Salz, Pfeffer, Chili

Zum Belegen:

- 40 g gekochter Schinken
- 40 g Bergkäse, gerieben
- 2 EL Röstzwiebeln
- 1 Stange Frühlingslauch, in Ringe geschnitten

Aus Schmand und den Gewürzen eine Creme rühren.
Den Flammkuchen damit bestreichen.

Anschließend wird der Flammkuchen mit Schinken, Käse, Röstzwiebeln und Frühlingslauch belegt.

Gebacken wird er im Grill auf einem Pizzastein.
Dieser sollte mind. 15 Min. bei hoher Hitze vorgeheizt werden.

Der Flammkuchen braucht nur 3–5 Min. um zu grillen.

Tipp

Kann sehr gut vorbereitet werden.
Für Vegetarier den Schinken weglassen und stattdessen Gemüsewürfel darüber streuen.

Zeitaufwand: ●●○

Schwierigkeit: ★☆☆

Grillen: direkt

Art: vegetarisch

Zutaten

- 3 rote Paprika
- 3 gelbe Paprika
- 8 EL Pesto Genovese
- 150 g Mozzarella
- 3 EL Olivenöl
- einige Blätter Basilikum
- 4 Gläser

Tipp

Lässt sich auch super am Vortag vorbereiten!

Paprika-caprese

Die Paprika vierteln, die Strünke und die Kerngehäuse entfernen. Auf beiden Seiten grillen bis sie weich sind und Röstaromen freisetzen. Den Mozzarella in feine Scheiben schneiden.

Die Gläser gründlich mit dem Olivenöl ausreiben. Nun mit dem Schichten beginnen. Eine Schicht Mozzarella, eine Schicht Pesto, eine Schicht Paprika, so lange, bis das Glas voll ist.

Etwa 2 Stunden kalt stellen, dann auf einen Teller stürzen.

Zeitaufwand:	●○○
Schwierigkeit:	★☆☆
Grillen:	direkt
Art:	mit Fisch

Zutaten

Pro Person

- 1 Riesengarnele mit Schale
- 1/2 Halm Zitronengras
- 2 EL Olivenöl
- 1 EL Chilisauce
- 1 Limette
- 1 TL geriebener Ingwer

Scampi auf Zitronengras

Von der Limette die Schale abreiben und auspressen. Mit Olivenöl, der Chilisauce und dem geriebenen Ingwer zu einer Marinade vermischen.

Die Garnelen 2 Stunden darin marinieren.

Das Zitronengras der Länge nach halbieren und je eine Garnele aufspießen.

Auf dem heißen Grillrost je nach Größe 5–10 Min. bei direkter Hitze grillen.

Pim/Shutterstock.com

Zeitaufwand: ◔◔◔
Schwierigkeit: ★★☆
Grillen: indirekt
Art: vegetarisch

Zutaten

Teig

- 500 g Mehl
- 20 g Grieß
- 15 g Hefe (frisch)
- 10 g Salz
- 50 g Olivenöl
- 320 g Wasser

Füllung

getrocknete Tomaten

- 250 g Kirschtomaten
- 1 TL Zucker
- 1 Becher Mini-Mozzarella

Gerösteter Knoblauch

- 5 EL Olivenöl
- 25 g Butter
- 1 EL Zucker
- 20 Knoblauchzehen
- 1 Bund Basilikum
- 320 g Wasser

Brottaschen mediterran

Getrocknete Tomaten

Kirschtomaten, halbiert, mit Salz, Zucker und Kräutern bestreuen, ca. 2 Stunden auf 100 °C trocknen.

Gerösteter Knoblauch

Olivenöl, Butter und Zucker erhitzen. Geschälte Knoblauchzehen in Scheiben schneiden, dazugeben und schwenken. Bei 180 °C ca. 20 Min. karamellisieren lassen. Auf Küchenpapier abtropfen lassen.

Einen Hefeteig herstellen. Zu einem Rechteck von 35 x 25 cm ausbreiten. Tomaten, Knoblauch, Basilikum und Mozzarella gleichmäßig darauf verteilen.

Ein Teigdrittel von der schmalen Seite des Rechtecks aus zur Mitte hin umschlagen. Dann das gegenüberliegende Drittel darüberfalten, sodass ein kleineres Rechteck entsteht. Die Kanten einschlagen und zusammendrücken.

Das Rechteck quer in 3 gleich große Stücke schneiden und mit der offenen Kante nach oben auf ein Blech setzen. 30 Min. gehen lassen.

Bei 220 °C 20–25 Min. backen.

Zeitaufwand: ●○○
Schwierigkeit: ★☆☆
Grillen: indirekt
Art: mit Fisch

Zutaten

8–16 Portionen

- 1 Lachsseite
- Teriyakisauce*
  (z.B. der Fa. Stonewall)
- Zedernholzbrett

** Teriyakisauce wird auf Basis einer Sojasauce hergestellt.*

Lachs
auf der Zedernplanke

Den Lachs über Nacht in Teriyakisauce marinieren.

Das gewässerte Zedernholzbrett so lange über direkte hohe Hitze legen bis es raucht und knackt (ca. 5 Min.). Danach wird das Holzbrett so im Grill positioniert, dass auf indirekter Hitze (150–180 °C) der Lachs gegrillt werden kann.

Jetzt wird der marinierte Lachs darauf gelegt.
Das Lachsfilet ist fertig, sobald etwas Eiweiß an der Oberfläche austritt.
Dauert ca. 20–25 Min.

Pim/Shutterstock.com

Zeitaufwand: ●●○

Schwierigkeit: ★☆☆

Grillen: direkt

Art: mit Fisch

Zutaten

- 500 g rohe Garnelen, geschält u. entdarmt
- 6–8 EL Semmelbrösel
- 3 Frühlingszwiebeln, fein gehackt
- 1 TL rote Currypaste
- 1/2 Bund Koriander
- Saft und Abrieb einer Limette
- 1 Chilischote, entkernt und fein gehackt
- Salz und Pfeffer
- 4 Burgerbrötchen (fertig)
- Salat
- geschnittene Frühlingszwiebeln
- Limetten-Aioli*

** Limetten-Aioli ist eine Zitronen-Mayonnaise (siehe Rezept S. 127)*

Scampi-burger

Die Garnelen in einer Küchenmaschine grob zerkleinern.

Mit den übrigen Zutaten mischen und zu 2 cm starken Patties formen. Mit Frischhaltefolie abgedeckt ca. 30 Min. kühl stellen.

Die Patties bei ca. 175–200 °C in 6–8 Min. auf der heißen Grillplatte braten.

Währenddessen die Burgerbrötchen mit Öl bestreichen und kurz angrillen.

Mit Salat und Lemon-Aioli servieren.

Tina Bits/Shutterstock.com

Tennessee
WHISKEY
Litre 40% Vol.

Zeitaufwand: ●○○

Schwierigkeit: ★☆☆

Grillen: indirekt, direkt

Art: mit Huhn

ZUTATEN

- 4 Hähnchenbrüste, à ca. 200 g
- 5 g brauner Zucker
- 1 EL grobes Salz
- 4 Zweige Thymian
- 4 Knoblauchzehen
- Saft und Abrieb von 2 Limetten
- 50 ml Whiskey

Hähnchenbrust
Tennessee

Thymianblätter abzupfen, Knoblauch in Scheiben schneiden.

Alle Zutaten vermischen und die Hähnchenbrust damit marinieren. Mind. 30 Min., am besten aber über Nacht ziehen lassen.

Fleisch erst direkt von beiden Seiten jeweils 4 Min. angrillen und dann indirekt bei mittlerer Hitze nachgaren lassen.

Zeitaufwand:
Schwierigkeit: ★☆☆
Grillen: indirekt
Art: mit Schwein

Zutaten

- 1 kg Schweinehals
- 500 g grobes Meersalz
- 1 Peperoni
- 1 Zweig Rosmarin
- 1 Knoblauchknolle

Salzbraten

In eine feuerfeste Auflaufform das grobe Meersalz füllen. Den ungewürzten Braten darauf legen und Peperoni-Knoblauch (aufgeschnitten halbiert) und Rosmarin dazugeben.

Den Braten bei indirekter Hitze (160–180 °C) ca. 1–1,5 Stunden grillen. Die Kerntemperatur sollte bei 67 °C liegen.

Tipp

Für große Fleischstücke ist ein Bratenthermometer sehr sinnvoll, um die Kerntemperatur zu kontrollieren.

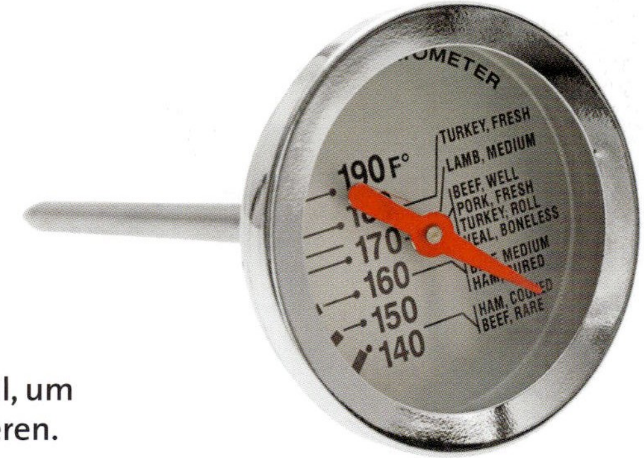

BW Folsom/Shutterstock.com

Zeitaufwand: ●●○
Schwierigkeit: ★★☆
Grillen: indirekt
Art: mit Schwein

Schweinefilet
mediterran gefüllt

Zutaten

- 2 Schweinefilets, à ca. 500 g
- 3 Toastbrot-Scheiben
- 1/2 Glas Pesto Rosso*
- 1 Eiweiß
- 20 Scheiben Speck

** Pesto Rosso besteht aus getrockneten Tomaten.*

Toastbrot entrinden und mit dem Pürierstab zerkleinern.

Mit dem Pesto und dem Eiweiß zu einer geschmeidigen Masse verrühren.

Das Schweinefilet längs ca. 1–2 cm einschneiden und mit der Pestomasse füllen.
Den Speck am besten auf Klarsichtfolie auslegen, Schweinefilet darauf setzen und mithilfe der Folie einwickeln.

Die Filets bei indirekter Hitze (180 °C) ca. 30 Min. grillen und am besten ein Grillthermometer dabei zu Hilfe nehmen.

Die Kerntemperatur sollte ca. 65–68 °C erreichen.

Zeitaufwand: ●●○

Schwierigkeit: ★☆☆

Grillen: direkt

Art: mit Schwein

Pizza

Zutaten

Teig

- 300 g Mehl
- 200 g Wasser
- 1/3 Würfel frische Hefe
- 2 EL Olivenöl
- 1 TL Salz

Belag

- 1 Dose Tomaten, gehackt
- 500 g Coktailtomaten, halbiert
- 250 g Mozzarella, ganz fein gewürfelt
- 100 g Parmaschinken
- frisch gemahlener schwarzer Pfeffer
- Salz
- Parmesan gehobelt
- Rucola

Den Pizzastein auf direkter Hitze 15 Min. vorheizen.

Aus den oben angegebenen Zutaten am besten am Vortag einen Hefeteig herstellen und im Kühlschrank gehen lassen.

Den Teig in vier gleiche Stücke teilen. Zu Böden mit je 0,5 cm Stärke ausrollen. Die gehackten Tomaten mit Salz, Pfeffer und Kräutern würzen und als Sauce auf den Teig geben.

Mit den Coktailtomaten und dem Mozzarella belegen.
Die belegten Pizzaböden auf den Pizzastein legen und bei indirekter hoher Hitze mit geschlossenem Deckel ca. 8–10 Min. grillen.

Zum Schluss noch mit Parmaschinken, Rucola und Parmesanspänen belegen. Mit frisch gemahlenem schwarzen Pfeffer verfeinern.

Zeitaufwand: ●○○

Schwierigkeit: ★☆☆

Grillen: direkt

Art: mit Schwein

ZUTATEN

- pro Person 3–4 Stangen grüner Spargel
- 3–4 Scheiben Serrano-Schinken*
- Olivenöl

** Serrano-Schinken ist eine spanische Spezialität* *(Erklärung siehe S. 139).*

Spargel gegrillt

Vom Spargel unteres Drittel schälen und mit jeweils einer Scheibe Speck umwickeln.

Mit etwas Olivenöl bepinseln.

Mit direkter, mittlerer Hitze bei 180 °C ca. 10 Min. grillen.

Tipp

Serrano-Schinken kann durch jeden luftgetrockneten Schinken, z.B. Parmaschinken, ersetzt werden.

Zeitaufwand: ●●●
Schwierigkeit: ★★☆
Grillen: direkt
Art: vegetarisch

Gemüserösti
mit Limettenschmand

Zutaten

Gemüserösti

- 2 große mehlige Kartoffeln
- 1 Karotte
- 1 gelber Zucchino
- 1 grüner Zucchino
- 2 Stängel Petersilie
- 1 EL Speisestärke
- Pfeffer aus der Mühle
- frisch geriebener Muskatnuss
- 50 ml Olivenöl

Limettenschmand

- 2 Limetten
- 1/2 rote Chilischote
- 200 g Schmand
- 3 EL Schnittlauchröllchen

Gemüserösti

Kartoffeln und Karotte schälen. Die Zucchini waschen und putzen. Alles mithilfe eines Spiralschneiders in lange Streifen schneiden. Die Petersilie fein schneiden.

Alles mit der Speisestärke mischen und mit Pfeffer und Muskat würzen. Die Rösti portionsweise auf der heißen Gussplatte (direkte Hitze 160–180 °C) in Olivenöl ca. 12–15 Min. braten.

Limettenschmand

Limettenschale abreiben und auspressen. Chilischote in feine Würfel schneiden.

Schmand, Limettensaft und -schale, Chili, und Schnittlauchröllchen verrühren. Mit Salz und Pfeffer abschmecken. Zum den Rösti servieren.

Zeitaufwand: ●●○

Schwierigkeit: ★☆☆

Grillen: indirekt

Art: vegetarisch

Zutaten

- 800 g Kartoffeln, festkochend
- 400 ml Milch
- 200 ml Sahne
- 2 Knoblauchzehen, geschnitten
- 80 g Bergkäse, gerieben
- Salz (o. z.B. aurelia Bratkartoffel-gewürz)
- Pfeffer, Muskatnuss

Kartoffelgratin

Kartoffeln schälen und in feine Scheiben schneiden. Eine feuerfeste Form mit Butter ausreiben.

Darin abwechselnd Kartoffelscheiben, geriebenen Käse und Knoblauch einschichten.

Die Milch und die Sahne mit Salz, Pfeffer und Muskatnuss würzen und über die Kartoffeln geben.

Die Form bei indirekter Hitze (180 °C) im Grill platzieren und ca. 50 Min. grillen.

Pim/Shutterstock.com

Zeitaufwand: ●●○

Schwierigkeit: ★☆☆

Grillen: indirekt

Art: vegetarisch

Zutaten

- 500 g Erdbeeren
- 4 EL Cointreau (Orangenlikör)
- 2 EL Pistazien, gehackt
- 80 g geschälte und gemahlene Mandeln
- Schale von Bio Zitrone
- 2 Eigelbe
- 2 EL Zucker
- 2 Eiweiß

Erdbeergratin

Erdbeeren klein schneiden, in eine Schüssel geben und mit Contreau übergießen. Alles gut vermischen und anschließend die Hälfte der Erdbeeren in feuerfeste Gläser verteilen.

In einer Schüssel Eigelb und Zucker zu einer Creme aufschlagen, die gemahlenen Mandeln und den Zitronenabrieb unterrühren. Eiweiß steif schlagen und unter die Eicreme ziehen.

Die Hälfte der Masse über den Erdbeeren verteilen, dann die restlichen Erdbeeren darübergeben. Zum Abschluss kommt nochmals die restliche Creme.

Gratin sofort in den vorgeheizten Grill (180–200 °C) stellen, bis die Oberfläche gebräunt ist (ca. 12 Min.). Etwas abkühlen lassen.

Mit Pistazien bestreuen.

Zeitaufwand: ●●○

Schwierigkeit: ★☆☆

Grillen: indirekt

Art: vegetarisch

Rhabarber-kuchen

Zutaten

Teig

- 250 g Sahne
- 120 g Zucker
- 1 Päckchen Vanillezucker (o. z.B. aurelia Vanillezucker)
- Abrieb einer Bio Zitrone
- 3 Eier
- 220 g Mehl
- 1 TL Backpulver

Guss

- 100 g Butter
- 30 g Zucker
- 2 EL Honig
- 30 g Milch
- 40 g Mandelblättchen
- 600 g Rhabarber

Den Grill auf 220 °C vorheizen.

Rhabarber schälen und in 1 cm große Stücke schneiden.

Sahne mit Zucker, Vanillezucker und Zitronenabrieb nicht ganz steif schlagen. Eier nach und nach unterrühren. Mehl mit dem Backpulver mischen und unterheben.

Den Teig in die Backform füllen und den Rhabarber darauf verteilen. Den Kuchen bei indirekter Hitze für 20 Min. in den Grill stellen und backen. Guss auf den Kuchen gießen und weitere 20 Min. backen.

Mit Puderzucker bestäuben und lauwarm servieren.

Marinaden

Honigmarinade

4 Personen

- 3 EL flüssiger Honig
- 1 EL Sojasauce
- 1 EL Zitronensaft
- 3 EL Sesamöl
- 1 Knoblauchzehe gepresst
- 1 TL Chili

Die Zutaten gut verrühren und das Fleisch damit bestreichen.
Mindestens 30 Min. durchziehen lassen, besser noch über Nacht.

Tipp

Eignet sich gut für helles Fleisch (Hähnchen, Pute), aber auch für Schwein und Garnelen.

Chili Marinade

4 Personen

- 5 EL Olivenöl
- 2 EL Chilisauce
- 2 EL Asia-Sauce süß-sauer
- Saft und Schale von 2 Limetten
- 2 TL geriebener Ingwer

Aus allen Zutaten eine Marinade rühren.
Das Grillgut ca. eine halbe Stunde marinieren.

Tipp

Schmeckt super mit Garnelen

Biermarinade

6 Personen

- 2 Knoblauchzehen, gehackt
- 250 g mittelscharfer Senf
- 200 ml dunkles Bockbier
- 2 EL Worcestersauce
- 10 g Salz
- 1 TL frisch gemahlener Pfeffer
- 1 EL getrockneter Majoran
- Zwiebelringe

Aus den Zutaten (bis auf die Zwiebeln) eine Marinade mischen. Das Fleisch mindestens 2 Tage im Kühlschrank in einer dicht verschlossenen Schüssel marinieren.
Zwischen die Fleischstücke nach Geschmack Zwiebelringe legen.

Tipp

Eignet sich super für Schweinefleisch, die Zwiebelringe in einer Gusspfanne extra schmoren.

Cognac-Kräuter Marinade

4 Personen

- 3 EL Cognac
- 2 EL frische Kräuter, gehackt (Rosmarin, Thymian, Oregano, Salbei)
- 2 EL grober Senf
- 1 Schalotte, fein geschnitten
- 1/4 TL frisch gemahlener Pfeffer
- Abrieb einer halben Zitrone
- 150 ml Öl

Alle Zutaten gut verrühren. Die Marinade kann in einem Schraubglas 1-2 Wochen im Kühlschrank aufbewahrt werden.

Bistro
Essen · Trinken · Glück
GAUMEN Gold
EST. D. 2015 ALLGAEU
KEMPTEN
63,29 KM²
47°43'43"N 10°18'57"O

GRILLEN

im Sommer

Zeitaufwand: ●○○

Schwierigkeit: ★☆☆

Grillen: indirekt

Art: mit Schwein

Zutaten

- 1 Rolle Blätterteig
- 9 EL rotes Pesto
- 100 g luftgetrockneter Schinken (Serrano-Schinken oder Parmaschinken)
- 1/2 Bund Rucola

Schinken-Rucola-Schnecken

Den Blätterteig ausrollen und mit der Hälfte des Pestos bestreichen. An der Längsseite ca. 1 cm freilassen (Klebekante).

Mit dem Schinken belegen. Das übrige Pesto darauf geben und den Rucola verteilen.

Von der langen Seite her eng aufrollen. In Frischhaltefolie wickeln und wenn möglich 1–2 Stunden kaltstellen.

Die Schnecken bei indirekter, mittlerer Hitze (180 °C) 10–13 Min. grillen.

Aus der Folie wickeln, in etwa fingerdicke Scheiben schneiden, und auf den mit Backpapier belegten Pizzastein legen. Dabei etwas Platz lassen, da die Schnecken beim Backen aufgehen.

Zeitaufwand: ●○○

Schwierigkeit: ★☆☆

Grillen: indirekt

Art: vegetarisch

Zutaten

- 8 Cocktailtomaten
- 1 Becher Mini-Mozarella
- 1 Glas grünes Pesto
- Salz, Pfeffer

Caprese gegrillt

Von den Tomaten den oberen Teil mit Strunk abschneiden und das Fruchtfleisch mit einem kleinen Teelöffel aushöhlen.

Knoblauch, Basilikum und die Mozzarella-Bällchen abtropfen lassen und in das Pesto tauchen. Die Tomaten mit Salz und Pfeffer würzen und die Bällchen in die ausgehöhlten Tomaten setzen.

Die Capresen auf ein Pizzablech legen und bei indirekter Hitze (220 °C) ca. 8–10 Min. grillen.

Wissenswert

Caprese ist eine italienische Vorspeise. Wegen der Flaggenfarben Rot, Weiß und Grün gelten die Appetithappen als Nationalgericht.

Zeitaufwand: ●●○

Schwierigkeit: ★★☆

Grillen: direkt

Art: mit Fisch

Zutaten

- 500 g rohe Garnelen geschält
- 2 EL Semmelbrösel o. Paniermehl
- 1 Bund Frühlingszwiebeln in dünnen Scheiben
- 1 EL rote Currypaste
- 1/2 Bund Koriander, fein gehackt
- 1 Chilischote, entkernt und fein gehackt
- Salz, Pfeffer

Garnelen-bällchen

Die Hälfte der Garnelen im Mixer zu einer feinen Masse pürieren.

Die restlichen Zutaten in kleine Würfel schneiden, mit den anderen Zutaten unter die Garnelenmasse heben und abschmecken.

15 gleich große Kugeln formen und beiseite stellen.

Den Grill mit dem Ebelskivereinsatz (Weber) für direkte mittlere Hitze (160 °C) vorbereiten, in jede Mulde etwas Öl geben und kurz erhitzen.

Die Garnelenbällchen im heißen Öl von allen Seiten goldbraun braten und dabei öfter mit einem Spieß drehen.

Zeitaufwand: ●●○

Schwierigkeit: ★☆☆

Grillen: direkt

Art: mit Rind

Zutaten

- 2 x Blätterteig
- 300 g Rinderhackfleisch
- 2 EL Öl
- 2 rote Zwiebeln in Streifen
- 1 Knoblauchzehe, fein gehackt
- 3 EL Tomatenmark
- 2 EL roter Balsamico
- 20 ml Rotwein
- 2 rote Paprika, in dünne Streifen geschnitten
- Salz, Pfeffer, geräuchertes Paprikapulver, Chili
- 150 g Schafskäse

Türkische
Pizza

In einer Pfanne das Öl erhitzen und das Hackfleisch darin krümelig anbraten. Zwiebeln und Knoblauch dazufügen, kurz mit anbraten.
Das Tomatenmark unterrühren und kurz anrösten.

Mit Balsamico und Rotwein ablöschen. Die Paprikastreifen unterrühren. Kurz köcheln lassen und mit den Gewürzen abschmecken.

Abkühlen lassen.

Den Grill für direkte Hitze (180 °C) mit Pizzastein vorbereiten.

Die Blätterteigböden ausrollen und jeweils mit der Hälfte der Hackfleischmasse bestreichen.
Den Schafskäse zerkrümeln und darüber streuen.

Das ganze ca. 8–10 Min. auf Backpapier backen.

Tipp

Statt Chili und geräuchertes Paprikapulver ist auch WEBER Churrasco Gewürz sehr zu empfehlen.

Zeitaufwand:	●●○
Schwierigkeit:	★☆☆
Grillen:	direkt
Art:	mit Huhn

Hähnchen-burger

Zutaten

Sauce

- 100 g Blauschimmelkäse, zerbröckelt
- 3 EL Schmand
- 3 EL Mayonnaise
- 2 TL weißer Balsamico
- 1 Stange Staudensellerie, fein gewürfelt
- Salz, Pfeffer

Patties

- 650 g Hähnchenhackfleisch (Keule/Brust)
- 60 g Semmelbrösel
- 1 TL Chilipulver
- 1 TL geräuchertes Paprikapulver
- 1 TL Cayennepfeffer, 1 TL Salz
- 2 EL zerlassene Butter
- 8 Mini Burger-Semmel ca. 5–6 cm

Für die Sauce alle Zutaten außer dem Sellerie gut vermischen. Anschließend die Selleriewürfel unterrühren.

Die Patty-Zutaten behutsam in einer Schüssel vermengen und aus der Masse acht Mini-Burger formen.

Abgedeckt ca. 30 Min. ruhen lassen.

Patties auf beiden Seiten mit zerlassener Butter bestreichen und über direkter Hitze (200–260 °C) bei geschlossenem Deckel 8–10 Min. grillen.

Dabei einmal wenden und in der letzten Minute Grillzeit die Brötchen mit anrösten.

Brötchen mit Patties und Dressing anrichten.

Zeitaufwand: ●●○

Schwierigkeit: ★☆☆

Grillen: direkt

Art: mit Huhn

Zutaten

Marinade

- 1 Limette
- 1 Chili
- 1 Zweig frischer Rosmarin + Thymian
- 2 Knoblauchzehen
- 50 ml Olivenöl

- 100 g Crème fraîche
- Salz, Pfeffer
- 4 Wrap-Fladen
- 80 g geriebener Emmentaler
- Olivenöl
- 200 g Hähnchenbrust

Salatmischung

- 100 g Eisbergsalat
- 8 Kirschtomaten
- 1/2 Gurke
- 1 Chilischote
- 1 Mango

Quesadillas vom Hähnchen

Die Limettenschale abreiben, die Chilischoten in feine kleine Ringe schneiden und den Rosmarinzweig und Thymianzweig abzupfen.

Den Knoblauch schälen und in feine Scheiben schneiden. Alle Zutaten mit dem Olivenöl und dem Limettensaft in eine Schüssel geben und die Hähnchenbrust darin marinieren. Bei Zimmertemperatur 15 Min. ziehen lassen.

Anschließend die Hähnchenbrust bei 180 °C ca. 15 Min. grillen.

Salatmischung

Den Eisbergsalat in kleine Stücke schneiden. Die Tomaten, Gurke und Mango in kleine Würfel schneiden. Chilischote entkernen, und in feine Streifen schneiden.

Mit Salz und Pfeffer würzen.

Die Wrap-Fladen mit der Crème fraîche bestreichen.

Die Salatmischung, das gegrillte, in Streifen geschnittene Hähnchen und etwas geriebenen Käse darauf geben und fest einrollen. Mit etwas Olivenöl bestreichen und auf allen Seiten kurz (5–7 Min.) grillen.

THE PERFECT GRILLING EXPERIENCE
RECOMMENDED FOR SMOKING
WHISKEY
FLAVOUR
0,7KG

Zeitaufwand: ●○○

Schwierigkeit: ★☆☆

Grillen: indirekt

Art: mit Huhn

Zutaten

- 2 Hähnchen ca. 1000–1200 g
- 330 ml Bockbier
- 100 ml Kondensmilch
- Paprika
- Salz, Pfeffer
- 1 Handvoll gewässerte Räucherchips (z.B. Whiskey)

Beer Can-Chicken

Die Hähnchen mit Kondensmilch bestreichen und innen und außen gut mit den Gewürzen einreiben.

Den Grill für indirekte Hitze (180–200 °C) vorbereiten.

Die Geflügelhalter mit dem Bier befüllen und das Hähnchen daraufsetzen. Die gewässerten Chips zum Qualmen bringen und die Hähnchen in den Grill stellen.

Je nach Größe der Hähnchen ca. 1–1,5 Stunden grillen.

Tipp

Wer keinen Hähnchenbräter hat, kann auch ein feuerfestes leeres Glas nehmen. Bitte keine Bierdose, denn bei hohen Temperaturen löst sich der Lack von der Dose und geht in das Hähnchen über.

Zeitaufwand: ●●○

Schwierigkeit: ★☆☆

Grillen: indirekt

Art: mit Fisch

Zutaten

- 4 St. Saibling, küchenfertig
- 1/2 Limette
- 1 Zweig Rosmarin
- 4 Zweige Thymian
- 2 Blätter Minze
- Salz und Pfeffer aus der Mühle
- 1 Kartoffel

Saibling
gegrillt

Die Saiblinge unter fließendem, kaltem Wasser abspülen und trockentupfen. Limette in feine Scheiben schneiden, Rosmarinzweig halbieren, Minzblätter fein hacken. Die Fische von innen gut salzen und mit etwas Pfeffer würzen. Die Limettenscheiben in den Saiblingen verteilen, ebenso die Kräuter. Saiblinge von außen salzen.

Den Grill für indirektes Grillen, mittlere Hitze ca. 160 °C, vorbereiten.
Nun die Kartoffel halbieren. Die Hälften in den Fisch geben, sodass die Schnittfläche nach unten zeigt. Den so präparierten Fisch im Grill in den indirekten Bereich „stellen“.

Die Saiblinge stehen im Grill, als ob sie schwimmen würden. Die Haut hat keinen Kontakt zum Grillrost und klebt so auch nicht an!
Die Saiblinge sind fertig, wenn die Augen weiß sind und sich die Rückenflosse leicht herausziehen lässt. (ca. 20–30 Min.)

Zeitaufwand:

Schwierigkeit: ★★★

Grillen: indirekt

Art: mit Schwein

Zutaten

12 Portionen

- Schweinenacken ca. 2,5–3 kg
- Rub (Magic Dust):
  - 1/2 Tasse Paprikapulver
  - 1/4 Tasse Salz
  - 1/4 Tasse brauner Zucker
  - 3 TL Kreuzkümmel
  - 2 TL schwarzer Pfeffer
  - 1/4 Tasse Knoblauchpulver
  - 2 TL Cayennepfeffer
- Mop:
  - 300 ml Apfelsaft
  - 1 TL Salz

Pulled Pork

Am Vortag das Fleisch mit Senf bestreichen und den Rub einmassieren. In Frischhaltefolie gewickelt 24 Stunden einziehen lassen. Am nächsten Tag das Fleisch ca. 3–4 Stunden vorher aus dem Kühlschrank nehmen.

Grill auf 110–120 °C einregeln und das Fleisch indirekt, unter Zugabe von Räucherchips, grillen. Dabei immer wieder mit der Mop Sauce bestreichen oder besprühen. Wichtig ist hierbei ein Thermometer zu benutzen um die Kerntemperatur im Auge zu behalten. Fertig ist das Pulled Pork bei einer Temperatur von 93–95 °C. Das kann zwischen 10 und 16 Stunden dauern.

Sobald das Fleisch fertig ist, wird es in Alufolie gewickelt und soll ca. 1 Stunde ruhen. Das geht am besten in einer Isolierbox mit Wärmflaschen (Getränkeflaschen mit heißem Wasser gefüllt) oder auch im Backofen bei 60 °C.

Jetzt wird das Fleisch am besten mit zwei Gabeln in kleine Stücke zerrupft. Mit BBQ-Sauce vermischen. Mit Burgerbrötchen und Coleslaw (Krautsalat) servieren.

Tipp

Das Fleisch kann auch, falls es zu früh fertig wird, 3–4 Stunden in der Isolierbox warm gehalten werden. Die Temperatur sollte während des Grillens nicht über 130 °C gehen.

Zeitaufwand: ●●○

Schwierigkeit: ★☆☆

Grillen: indirekt

Art: mit Schwein

Zutaten

- 2 Schweinefilets, à ca. 500 g
- BBQ-Gewürz (z.B. Magic Dust)

Kruste

- 100 g Toastbrot
- 1 Knoblauchzehe, gehackt
- verschiedene Kräuter, gehackt (oder z.B. aurelia Wildkräuter)
- 50 g zimmerwarme Butter

Schweinefilet mit Kräuterkruste

Toastbrot entrinden und mit dem Pürierstab zerkleinern. Mit dem Knoblauch, den Kräutern und der Butter zu einer geschmeidigen Masse verrühren.

Das Schweinefilet mit dem BBQ-Gewürz (Magic Dust) marinieren und auf allen Seiten scharf anbraten.

Die Filets bei indirekter Hitze (180 °C) ca. 20 Min. (Kerntemperatur von 63 °C) grillen. Jetzt die Krustenpaste auftragen und das Fleisch nochmals ca. 10–15 Min. grillen.

weber
Style

Zeitaufwand: ●●○

Schwierigkeit: ★☆☆

Grillen: indirekt

Art: mit Schwein

Schweinekrustenbraten

mit Bier-Honig-Marinade

Zutaten

4 Personen

- 1,5 kg Schweinebraten mit Kruste (eingeschnitten)

Marinade

- 200 ml Bier
- 50 g Honig
- 2 TL Salz
- Pfeffer
- Salz
- Kümmel

Aus Bier, Honig und Salz eine Marinade rühren.

Ca. 2/3 davon mehrmals mit einer Marinadenspritze in das Fleisch spritzen.

Den Braten an der Kruste gut mit Salz einreiben, zusätzlich noch mit Pfeffer und Kümmel würzen. Die restliche Marinade in eine Schüssel geben und den Braten darin 2–3 Stunden liegen lassen.

Zum Grillen den Grill zunächst auf eine hohe Temperatur bringen, den Braten indirekt grillen. Nach ca. 10 Min. den Grill auf 170 °C reduzieren. Mit Bratenthermometer versehen (eingestellt auf 70 °C).

Nach 1,5–2 Stunden hat er die Kerntemperatur erreicht.

Tipp

Mit einer Marinadenspritze lässt sich die Marinade wunderbar ins Fleisch einbringen. Das macht das Fleisch sehr saftig.

Zeitaufwand: 🕒🕒🕒

Schwierigkeit: ★★☆

Grillen: indirekt
direkt

Art: mit Schwein

Zutaten

6 Personen

- Spareribs (ca. 2 kg)

Marinade

- 100 g brauner Zucker
- 125 ml Sojasauce
- 125 ml Ketchup
- 125 ml Noilly Prat (Wermutwein)
- 2 EL gehackter Ingwer
- 2 TL Knoblauch
- 1 TL Chiliflocken
- 2 EL Paprika Edelsüß

- BBQ-Sauce

Spareribs

Die Zutaten für die Marinade verrühren.
Von den Rippchen auf der Rückseite (Knochenseite) die Haut mithilfe eines stumpfen Messers anheben und am besten mit Küchenpapier abziehen.

Die Spareribs ca. 3–4 Stunden in die Marinade legen, dabei 1–2 mal wenden.

Den Grill auf direkte Hitze (200–220 °C) vorheizen und die Ribs ca. 20–30 Min. grillen – dabei häufig durchwechseln. Die Ribs vom Grill nehmen, jeweils auf ein Stück Alufolie legen mit Barbecue-Sauce bestreichen und etwas Marinade dazu gießen.

Die Alufolie als Päckchen gut verschließen.
So die Ribs 3–4 Stunden bei niedriger indirekter Hitze (ca. 130–150 °C) weitergrillen.
Wer mag, kann danach die Ribs nochmals mit BBQ-Sauce bestreichen und kurz (5 Min.) direkt bei mittlerer Hitze grillen.

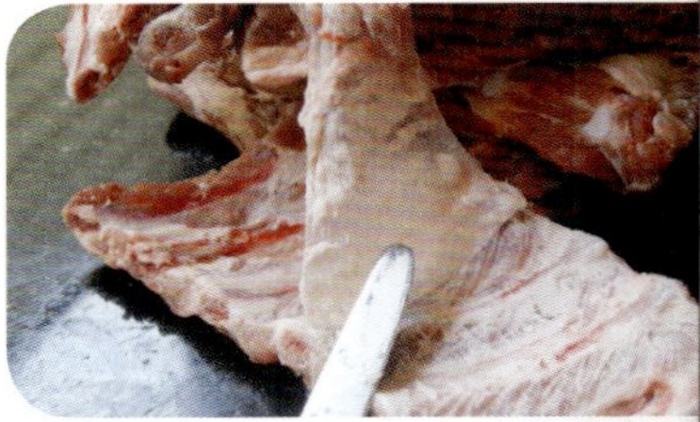

Zeitaufwand: ●●○

Schwierigkeit: ★☆☆

Grillen: direkt

Art: mit Rind

ZUTATEN

GLASUR

- 500 ml Rotwein
- 1 EL brauner Zucker

SCHALOTTEN

- 125 g Schalotten
- 2 EL Olivenöl

BURGER

- 700 g Rinderhackfleisch (20% Fettanteil)
- 2 TL grobes Meersalz
- 1/2 TL schwarzer Pfeffer

- 50 g Brie Käse
- Rucola
- 4 Bun (Brötchen)

Rotwein-burger

Rotwein mit dem braunen Zucker bis auf 100 ml einköcheln lassen.

Öl und Schalotten im Wok auf niedriger Temperatur unter Rühren etwa 20 Min. sanft bräunen. Auf Zimmertemperatur abkühlen lassen.

Den Grill für direkte starke Hitze (220–230 °C) vorbereiten.

Die Zutaten für den Burger in eine großen Schüssel geben, mit der Glasur behutsam vermischen und daraus mithilfe einer Burgerpresse 4 Patties formen.

Die Patties jeweils mit einem Viertel Käse füllen. Die Burger bei direkter Hitze ca. 8–10 Min. grillen. Nach ca. 4 Min. 1 x wenden.
Während der letzten Minute die Brötchen rösten.

Den Bun mit Rucola, Burger und Schalotten belegen.
Nach Belieben als Topping noch eine Burgersauce.

Zeitaufwand: ●●●
Schwierigkeit: ★★☆
Grillen: direkt
Art: mit Rind

Zutaten

Zwiebelconfit

- 2 EL Butter
- 2 El Olivenöl
- 2 Gemüsezwiebeln, gehobelt
- 1 TL grobes Meersalz
- 125 ml Aceto Balsamico
- 200 g brauner Zucker

Crostini

- 1 Baguette in Scheiben
- Olivenöl
- 2 Knoblauchzehen

Meerrettich-Creme

- 1–2 geriebener Meerrettich frisch
- 1/2TL schwarzer Pfeffer
- 1 Bund Schnittlauch

Rinderfilet-Crostini

Confit

Zwiebeln und Meersalz in Butter und Olivenöl 10 Min. unter gelegentchem Rühren braten bis die Zwiebeln weich und gut gebräunt sind. Balsamico und Zucker unterrühren und 35 Min. köcheln lassen, sodass eine marmeladenartige Konsistenz entsteht. Abkühlen lassen.

Crostini

Baguettescheiben auf einer Seite mit Öl bepinseln und bei direkter Hitze ca. 2 Min. rösten. Mit Knoblauch einreiben.

Meerrettich-Creme

Schnittleich schneiden, den Meerrettich reiben und alles in einer Schüssel verrühren. Mit schwarzem Pfeffer abschmecken.

3 Rinderfiletsteaks à 220 Gramm medium grillen (ca. 12–15 Min.).
In dünne Scheiben schneiden.
Auf dem Baguette etwas Confit verteilen, mit Fleischscheiben belegen.
Darauf etwas Meerrettichcreme geben!

Zeitaufwand: ●○○
Schwierigkeit: ★☆☆
Grillen: direkt
Art: vegan

Zutaten

- 1 Zucchini
- 1 rote Paprika
- 1 gelbe Paprika
- 1 Karotte
- 100 g Champignons
- Rote Zwiebel
- 2 Rosmarinzweige
- 1 Thymianzweig
- Sesamöl

Tipp

Nach Geschmack etwas Crema di Balsamico darüber träufeln

Wokgemüse (Grillgemüse)

Gemüse in Stücke schneiden. Den Grill mit Wok auf direkte sehr hohe Hitze einregeln. Das Sesamöl erhitzen und zuerst die Karotten anbraten.

Danach Pilze dazugeben. Wenn auch diese leicht gebräunt sind, das restliche Gemüse dazugeben.

Bissfest garen. Mit Salz, Pfeffer und Gewürz abschmecken.

Pim/Shutterstock.com

Zeitaufwand: ●○○

Schwierigkeit: ★☆☆

Grillen: direkt

Art: vegan

Zutaten

- 800 g festkochende Kartoffeln
- 2 Zweige Rosmarin
- 2 Zweige Thymian
- 100 ml Olivenöl

Wegdes mit Kräutern

Die Kartoffeln waschen und in Spalten schneiden. Rosmarin und Thymian fein schneiden und zu den Kartoffeln geben. 2/3 des Öls über die Kartoffeln gießen und gut vermischen.

Den Grill für direkte niedrige Hitze bei ca. 150–170 °C vorbereiten.
Die Kräuterkartoffeln in eine Grillpfanne geben und auf den Grill stellen.
Bei geschlossenem Deckel ca. 30 Min. grillen.
Ab und zu wenden.

Die fertigen Kartoffeln wieder in die Schüssel geben und mit dem Rest Olivenöl und Salz und Pfeffer würzen.

Pim/Shutterstock.com

Zeitaufwand: ◔○○
Schwierigkeit: ★☆☆
Art: vegetarisch

Zutaten

- 800 g Weißkohl, fein geraspelt
- 3 Karotten, fein geraspelt
- 3 EL Salatmayonnaise (z.B. Miracel Whip)
- 3 EL Zucker
- 3 EL Kräuteressig
- 3 TL scharfer Senf
- Salz, Pfeffer

Coleslaw

Salatmayonnaise, Zucker, Essig und Senf miteinander verrühren.

Über das geraspelte Gemüse geben und alles vermischen.

Mit Salz und Pfeffer abschmecken.

Am besten schon am Vortag machen
und 1 Tag im Kühlschrank ziehen lassen.

Zeitaufwand: ◔○○
Schwierigkeit: ★☆☆
Art: vegetarisch

Kräuterbutter

- 250 g Butter
- 2 Zweige Rosmarin
- 4 Zweige Thymian
- 4 Blätter Basilikum
- 2 Zehen Knoblauch
- 1 kleine Schalotte
- 1/2 Limette, Abrieb der Schale
- 1/2 Schote Chili
- Salz und Pfeffer aus der Mühle

Baconbutter

- 250 g weiche Butter
- 200 g Frühstücksbacon in Scheiben
- 2 EL glatte Petersilie
- Pfeffer aus der Mühle

Kräuterbutter

Die Butter aus dem Kühlschrank nehmen und etwas weich werden lassen.

Die Kräuter, Knoblauch und die Schalotte ganz fein schneiden.
Chili halbieren und die Kerne entfernen. Ganz fein schneiden.
Die Limettenschale abreiben.

Alle Zutaten zu der Butter geben und gut vermengen.
Die Butter mit Salz und Pfeffer abschmecken.

Baconbutter

Den Bacon ganz langsam auf kleiner Stufe knusprig grillen. Auf Küchenkrepp das überschüssige Fett aufsaugen lassen. Mit dem Messer, oder noch besser mit einer Küchenmaschine (z. B. Moulinette) fein zerkleinern.

Mit der Butter und der Petersilie verrühren. Mit Pfeffer abschmecken.

Zeitaufwand: ●●○

Schwierigkeit: ★☆☆

Grillen: indirekt

Art: vegetarisch

Zutaten

- 120 g Butterkekse, „zerbröselt“
- 300 g Frischkäse
- 1 EL Vanillepuddingpulver
- 50 g Butter, zerlassen
- 60 g Zucker
- 2 Eier
- 100 g TK-Himbeeren
- 30 g frische Himbeeren für die Garnitur
- Abrieb und Saft einer 1/2 Bio Zitrone
- Eine feuerfeste Form mit Backpapier auslegen

American Cheesecake

Keksbrösel mit der flüssigen Butter vermischen, auf dem Boden der Schale verteilen, leicht andrücken und bei indirekter, mittlerer Hitze (180 °C) ca. 7 Min. backen.

Inzwischen die Eier mit dem Zucker und dem Vanillepulver schaumig schlagen und zusammen mit dem Abrieb und dem Saft der Zitrone in den Frischkäse einrühren. Die gefrorenen Himbeeren vorsichtig unterheben.

Die Masse auf dem Boden verteilen, und den Kuchen bei indirekter mittlerer Hitze (160 °C) grillen.

Abkühlen lassen und mit den Beeren garnieren.

Pim/Shutterstock.com

Sambal Habanero

Das Sambal ist eine ursprünglich aus Indonesien stammende Würzpaste auf Chili-Basis. Die Habanero ist bekannt als eine der schärfsten Chilis der Welt! In unserem Sambal Habanero wird sie zusammen mit frischer Paprika und feinen Gewürzen zum Geschmackserlebnis. Inhalt 0,2 l

6,90 EUR • www.bbq-and-more.de

Trüffel Hollandaise

Frische Trüffeln in Bestform gebracht. Leckere Trüffelbutter, aromatische Trüffelöle und feine Dips sind nur ein Vorgeschmack auf das, was in der bayerischen Trüffelmanufaktur in liebevoller Handarbeit hergestellt wird.

Preis: 7,90 EUR
www.dietrueffelmanufaktur.rakuten-shop.de

Biergenuss

melon ipa – gehopft mit Melon, Cascade & Tettnanger
Das Melon IPA ist ein weiterer Griff in die vielseitige Hopfenklaviatur des Hopfenguts. Sein Blütenhonig-, Kandiszucker- und Beerenaroma verdankt das Bier der seltenen Hopfensorte Hüll Melon. Fruchtig und leicht ist der Antrunk des Melon IPAs. 0,75 l

Preis: 9,50 EUR
www.hopfengut.de

Passion für BBQ

Für Grillfans liefert die Kollektion BBQ Passion einfallsreiche Details: Soßen, Dressings und der Saft des Grillgutes sind durch Kompartiments voneinander getrennt, Grillspieße lassen sich am Tellerrand arretieren.

Preis auf Anfrage • Von Villeroy & Boch (im Fachhandel oder online auf www.villeroy-boch.com)

Sinn für Praktisches

JOHNNY CATCH - der wohl beste Wand-Flaschenöffner der Welt – fängt Kronkorken magnetisch! 100% Edelstahl. Johnny Catch kommt ohne Schrauben und Dübel aus, er wird mit einem hochwertigen doppelseitigen Klebeband an der Wand montiert.

25,- EUR UVP • www.höfats.com

Neuheit 2017 – Grillen im Grossformat

Auch bei vielen Gästen alles im Blick: Mit den neuen Gasgrill BBQ-Stationen Videro G3 und G4 von RÖSLE in Schwarz oder Edelstahl-Optik. Auch in der Outdoor-Küche abseits des klassischen Grillens bewähren sich die Geräte mit ihrer Vielseitigkeit und Premium-Ausstattung.

Preis 599,- bis 799,- EUR • www.roesle-bbq.de

Die Wurst-Revolution

Saftige Grillwürste enthalten viel Fett und Kalorien. Grillido Würstchen haben was besonderes: 100% natürliche Zutaten, wie Spinat, Feta, Sushi-Ingwer oder getrocknete Tomaten, ersetzen das Fett und geben den einzigartigen Geschmack.

Preis: von 3,49 bis 6,49 EUR • www.grillido.de

Trüffel-BBQ-Champs
Göschle
Trüffelhollandais
Sauce Hollandaise mit 10 % Trüffel
Göschle
Trüffel-BBQ
Grill-Sosse mit Trüffeln
90 g
Göschle
üffel küsst Tomate
ereitung aus Premium Tomatenketchup
und 7 % Trüffeln
90 g

GRILLEN

im Herbst

Zeitaufwand: ●●○

Schwierigkeit: ★☆☆

Grillen: direkt

Art: vegetarisch

Zutaten

- 2 Flammkuchenböden
- 1 TL Zucker
- 3 Schalotten, in sehr feine Ringe geschnitten
- 1 EL roter Balsamico
- 40 ml Portwein
- 1 EL Butter
- 1 EL Feigensenf
- 150 g Crème fraîche
- 130 g Taleggio (norditalienischer Weichkäse mit geschützter Herkunftsbezeichnung mit 48% Fett i. Tr.)

Flammkuchen
mit Taleggio

Schalottenconfit

Den Zucker langsam karamellisieren lassen und die Schalotten dazugeben. Mit dem Balsamico ablöschen.

Den Portwein hinzugeben und komplett einreduzieren lassen. Vom Feuer nehmen, die Butter einrühren und beiseite stellen.

Feigensenf und Crème fraîche verrühren und gleichmäßig auf den Böden verteilen.

Mit Käse und Schalotten belegen und auf dem heißen Pizzastein bei direkter, hoher Hitze ca. 6–8 Min. grillen.

Zeitaufwand: ●●○

Schwierigkeit: ★☆☆

Grillen: indirekt

Art: mit Schwein

Zutaten

- 1 Rolle Blätterteig (Kühltheke)
- 100 g gekochter Schinken
- 100 g Kräuterfrischkäse
- 1 Ei
- 2 EL gehackte Petersilie
- Salz, Pfeffer

Zum Bestreichen

- 1 Ei

Schinken-hörnchen

Grill vorheizen.

Blätterteig in gleich große Dreiecke teilen.

Den Schinken würfeln und mit dem Frischkäse vermengen.
Die gehackte Petersilie und das Ei untermischen und mit Salz und Pfeffer abschmecken.

Je ein Teelöffel der Schinkenmasse an die Außenseiten der Teigstücke geben und von außen zur Spitze hin aufrollen. Leicht andrücken und mit verquirltem Ei bestreichen.

Die Hörnchen auf ein mit Backpapier belegtes Pizzablech setzen und bei indirekter Hitze (180 °C) ca. 20 Min. grillen.

Zeitaufwand: ●○○

Schwierigkeit: ★☆☆

Grillen: direkt

Art: vegetarisch

Zutaten

- 500 g Kartoffelgnocchi
- 1 Zwiebel, fein gehackt
- 200 g Champignons, geviertelt
- 100 ml Gemüsefond
- 100 ml Sahne
- 2 Frühlingszwiebel, in Ringe geschnitten
- Räuchersalz, Pfeffer
- Muskat
- Öl

Wissenswert

Gnocchi mit Pilzen

Den Grill mit Gusstopf auf direkte hohe Hitze (200–220 °C) vorheizen.

Etwas Öl erhitzen und die Zwiebel darin anschwitzen.
Die Pilze dazugeben und kurz anbraten.
Mit dem Fond ablöschen, die Sahne einrühren und kurz aufkochen und abschmecken.

Die Gnocchi und die Frühlingszwiebeln vorsichtig in die kochende Flüssigkeit geben und bei niedriger Hitze 5–10 Min. leise köcheln lassen. Dabei gelegentlich umrühren.

Gnocchi ist das italienische Wort für Nocken.
Es gibt Gnocchi di patate (Kartoffelgnocchi)
und Gnocchi alla romana (Weizengrießnocken).

Zeitaufwand: ●●● (3 von 3)
Schwierigkeit: ★★☆
Grillen: direkt
Art: mit Rind

Zutaten

Sauce

- 1 gelbe Paprika, fein gewürfelt
- 1 rote Paprika, fein gewürfelt
- 2 Knoblauchzehen, fein gewürfelt
- 8 EL griechischer Joghurt
- Salz, Pfeffer

nach Belieben

- Salat, Gurke, Tomaten, Oliven, ...

- 4 Burgersemmeln
- 500 g Rinderhackfleisch
- Salz
- Pfeffer
- 250 g Feta, geviertelt
- 1 Ei, verquirlt
- Semmelbrösel
- 3 EL Mehl
- Olivenöl

Burger mit Feta

Für die Sauce alle Zutaten miteinander verrühren und abschmecken.

Aus dem Hackfleisch mit Salz und Pfeffer würzen und 4 gleich große Burger-Patties formen.

Den Feta in 4 möglichst dünne Scheiben schneiden. In Mehl wenden, dann mit Ei und Semmelbrösel panieren.

Die Hackfleisch-Patties bei mittlerer Hitze auf den Grill legen (8–10 Min.), währenddessen in einer Gusspfanne das Olivenöl erhitzen, und den panierten Feta braten.

Kurz vor Ende der Grillzeit, den Burger auf der Schnittfläche kurz anrösten. Nach Belieben noch mit Salat belegen und den Burger zusammenbauen!

Zeitaufwand: ●●○

Schwierigkeit: ★★☆

Grillen: direkt

Art: mit Huhn

ZUTATEN

- 4 Hähnchenbrustfilets, à 200 g
- 1 TL grobes Salz
- Frisch gemahlener grober Pfeffer
- 4 Scheiben Serrano-Schninken
- 4 dünne Scheiben Provolone (italienischer Schnittkäse mit 44% Fett i. Tr.)
- Basilikumblätter

Hähnchen-Involtini

Die Hähnchenbrüste zwischen Frischhaltefolie mit der flachen Seite des Fleischklopfers vorsichtig dünn klopfen. Sie sollten ca. 7 mm dick sein.

Von beiden Seiten mit Salz und Pfeffer würzen. Auf jedes Filet eine Scheibe Schinken, eine Scheibe Käse und ein paar Basilikumblätter legen.

Vorsichtig aufrollen, und mit Küchengarn binden.

Die Involtini (italienische Wort für Roulade) außen dünn mit Öl bestreichen.

Die Hähnchenrouladen bei mittlerer, direkter Hitze und geschlossenem Deckel etwa 12–15 Min. grillen bis sie goldbraun sind.

Vom Grill nehmen und 5 Min. ruhen lassen.

Zeitaufwand:	3 von 3
Schwierigkeit:	★★☆
Grillen:	indirekt
Art:	mit Rind mit Schwein

Zutaten

- 1,5 kg Hackfleisch (Rind/Schwein)
- 4 St. Knoblauchzehen
- 2 Eier
- 1 TL Worcestersauce
- 500 g Champignons
- 2 EL Butter
- 300 g gewürfelter Gouda
- 1 Zwiebel
- 1 Semmel
- 3 EL Peperoni, fein geschnitten
- 3 EL BBQ-Rub (z.B. Magic Dust)
- 1 EL Whiskey
- 2 TL scharfer Senf
- Salz, Pfeffer
- Weber Räucher Chips (0,5 Stunden eingeweicht)
- 400 g Frühstücksbacon
- BBQ-Sauce zum Glasieren

Bacon Bomb

Pilze blättrig schneiden und anbraten

Knoblauchzehen fein hacken, Zwiebel schneiden, Semmel einweichen und klein schneiden. Zusammen mit den übrigen Zutaten verkneten. Gebratene Pilze untermischen.

Auf einer Frischhaltefolie den Speck zu einem Gitternetz auslegen. Hackfleisch mittig, flach platzieren und darauf den Käse geben. Hackfleisch über dem Käse zusammenschließen, und mithilfe der Folie das Specknetz über die Fleischrolle legen.

Die Bomb bei indirekter Hitze ca. 180 °C, bis zu einer Kerntemperatur von 70 °C in den Grill legen. Dazu die Räucherchips legen.

10 Min. vor Ende der Garzeit die Rolle mit BBQ-Sauce glasieren.

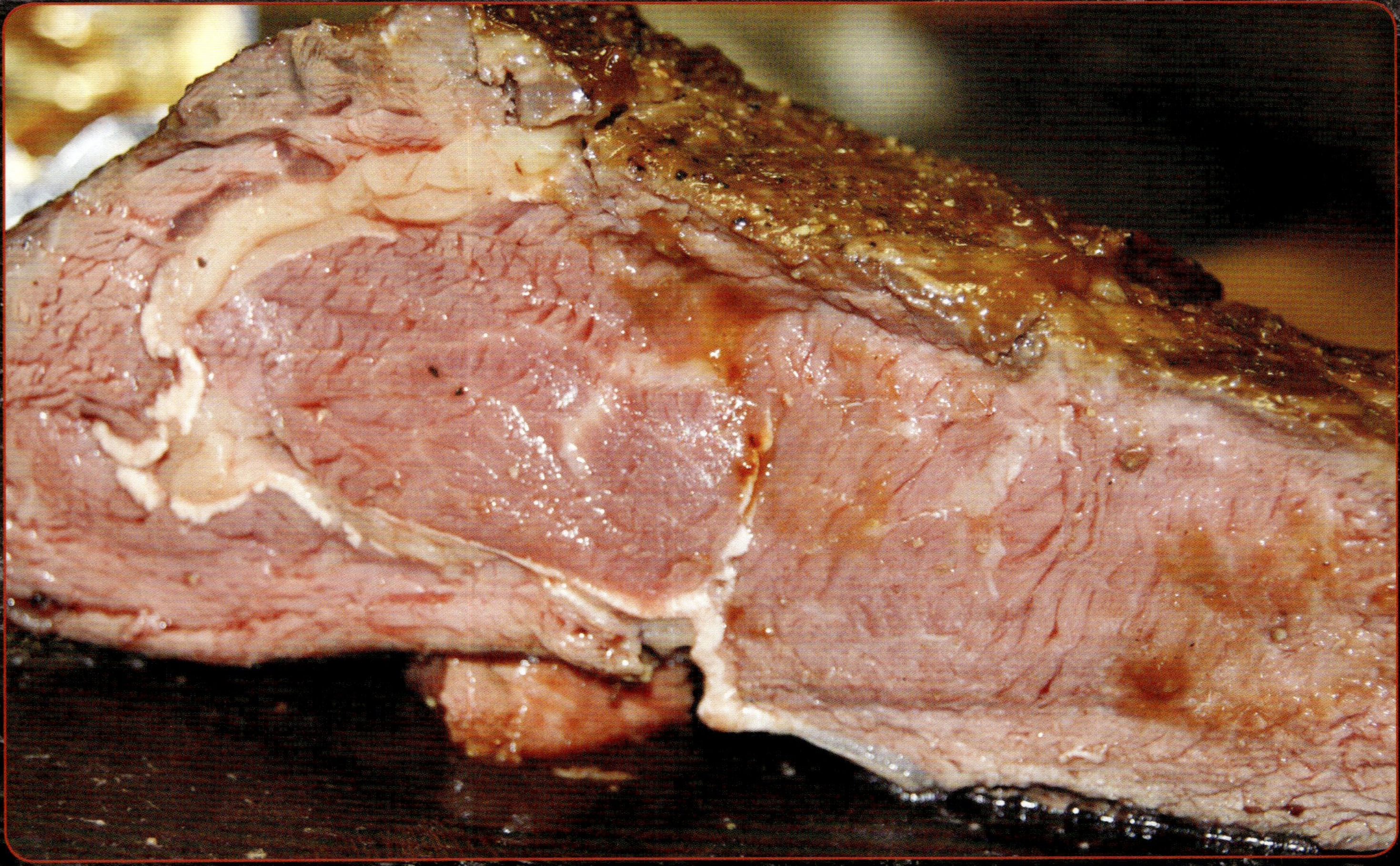

Zeitaufwand: ●●○

Schwierigkeit: ★☆☆

Grillen: indirekt

Art: mit Rind

Entrecôte
mit Orangenglasur

Zutaten

- 1 kg Entrecôte
- Salz, Pfeffer

Glasur

- 1 Stück Ingwer (ca. 2–3 cm), fein gerieben
- 200 g Orangenmarmelade
- 2 EL Worcestersauce
- 2 Knoblauchzehen, fein gehackt
- 1 TL Chilipulver
- 2 EL Dijonsenf
- 250 ml dunkles Bockbier

Den Grill auf indirekte Hitze (160 °C) vorbereiten.

Das Roastbeef mit Salz und Pfeffer würzen und in einem Bratenkorb indirekt grillen. Das geht am besten mit einem Kerntermometer im Fleisch.

Für die Glasur sämtliche Zutaten in einen Topf geben und auf dem Seitenkocher oder Herd einkochen lassen.

Wenn das Fleisch eine Kerntemperatur von 49 °C erreicht hat, wird dieses 2–3 mal mit der Glasur bestrichen.

Sobald das Fleisch die gewünschte Kerntemperatur erreicht hat, (56–57 °C) aus dem Grill nehmen und locker abgedeckt etwa 10 Min. ruhen lassen.
In schmale Tranchen aufschneiden und mit der restlichen Glasur servieren.

Gesamtgrillzeit ca. 1,5 Stunden.

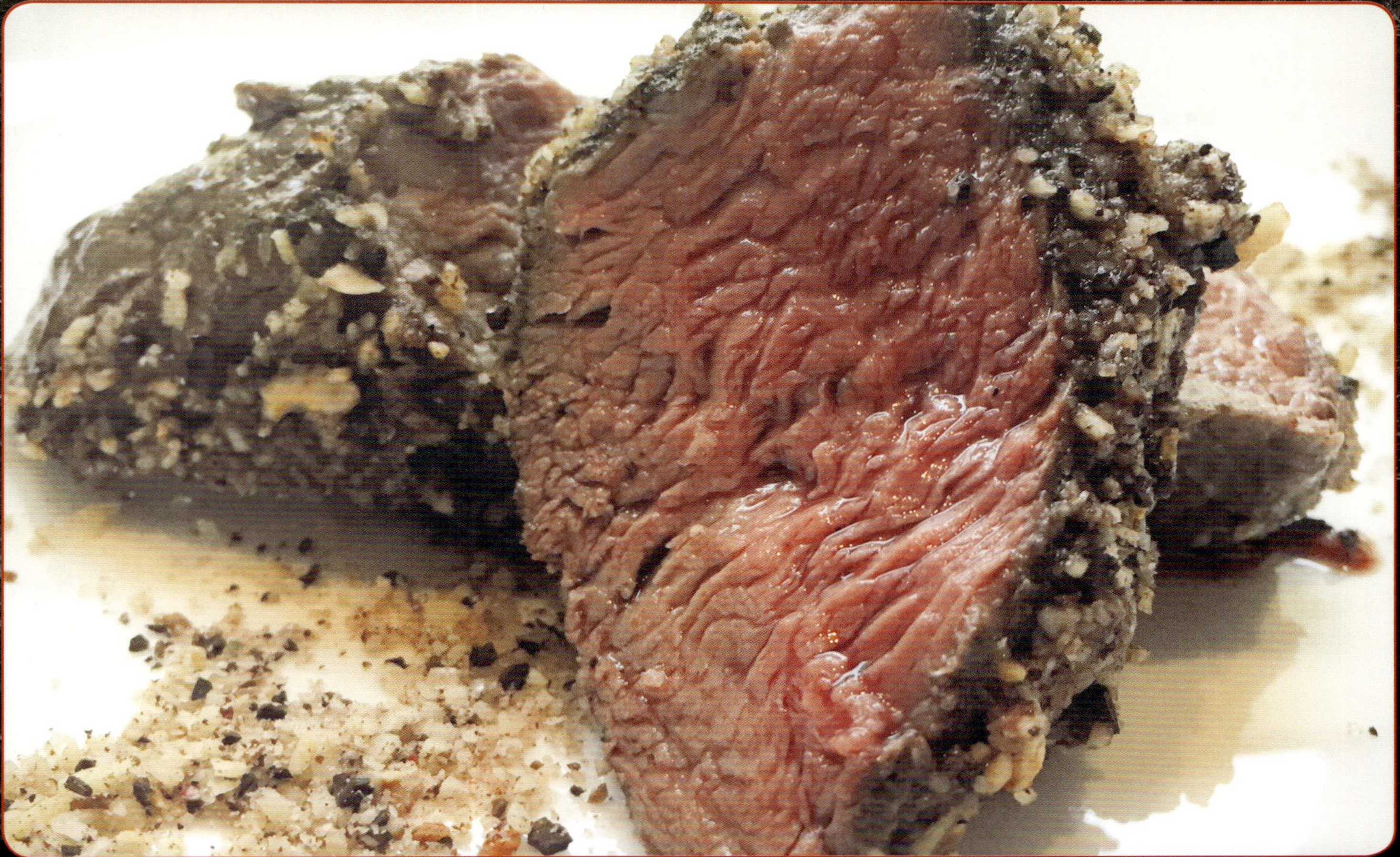

Zeitaufwand: ●●○

Schwierigkeit: ★☆☆

Grillen: indirekt

Art: mit Wild

Hirschrücken
im Gewürzmantel

Zutaten

- Hirschrücken 700–800 g

Gewürzmischung

- 1 EL Espressobohnen
- 1 TL Anis
- 1 TL Wacholderbeeren
- 1 TL schwarze Pfefferkörner
- 1 TL rosa Beeren
- 1/2 TL Kümmel
- 2 EL geriebene Walnüsse
- 1 EL Kakao, möglichst dunkel
- 1 MSP Chili, gemahlen
- 2 EL brauner Zucker
- 1 TL Salz

Die Espressobohnen, den Anis, die Pfefferkörner, die rosa Beeren und den Kümmel im Dutch Oven (Feuertopf) rösten. Anschließend zusammen mit dem braunen Zucker im Mörser zerstoßen.

Die Nüsse, das Chilipulver und das Salz untermischen.

Den Hirschrücken parieren und mit Olivenöl einreiben.

Das Fleisch von allen Seiten gut mit Wildgewürz einreiben und bei direkter Hitze scharf anbraten. Anschließend bei indirekter Hitze (ca. 120–150 °C) und geschlossenem Deckel bis zu einer Kerntemperatur von 58–60 °C ziehen lassen.

In der Gewürz-Nuss-Mischung wälzen.

Stainless

Zeitaufwand: ◷◷◷

Schwierigkeit: ★★☆

Grillen: indirekt

Art: mit Schwein

Zutaten

8 Personen

- 2,5 kg Schweinebauch
- Salz
- Pfeffer
- Kümmel

Füllung

- 5 Semmeln
- 400 ml Milch
- 3 Eier
- 300 g Pilze, blättrig geschnitten
- 1 Zwiebel, feine Würfel
- 50 g Butter
- 1 Bund Petersilie
- Salz, Pfeffer

Schweinebauch

gefüllt

In den Schweinebauch eine große Tasche einschneiden.
Die Schwarte vorsichtig einritzen.
Wenn auf der Unterseite kleine Knorpel sind, diese vorsichtig herausschneiden.

Für die Füllung die Semmeln in kleine Würfel schneiden.
Zwiebel in der Butter glasig werden lassen. Die Pilze dazugeben und mit anbraten.

Dann aus allen Zutaten einen Semmelknödelteig kneten. Mit Salz und Pfeffer abschmecken.

Dieser wird in den Schweinebauch gefüllt und mit Zahnstochern verschlossen.
Den gefüllten Bauch außen gut mit Salz, Pfeffer und Kümmel würzen.
Bei indirekter Hitze (180–200 °C) in einen Bratenkorb legen und ca. 2 Stunden grillen.

Zeitaufwand: ●○○

Schwierigkeit: ★★☆

Grillen: indirekt, direkt

Art: mit Rind

Zutaten

- 1 kg Roastbeef
- Salz
- Pfeffer

Tipp

Das Fleisch erst nach dem Grillen würzen.

Steak

Vom ganzen Roastbeef dicke Steaks herunterschneiden. Jedes sollte min. 4 cm stark sein.

Das Fleisch sollte ca. eine Stunde vor dem Grillen aus dem Kühlschrank genommen werden.

Den Grill auf hohe Hitze vorheizen. Die Steaks pro Seite je 3 Min. direkt angrillen bis ein schönes Branding zu sehen ist. Danach die Rindersteaks in die indirekte Zone legen und bei niedriger Hitze auf eine Kerntemperatur von 55–58 °C nachziehen lassen.

Vom Grill nehmen, 5 Min. ruhen lassen und in Tranchen schneiden.

Pim/Shutterstock.com

Zeitaufwand: ●●○

Schwierigkeit: ★☆☆

Grillen: indirekt

Art: vegetarisch

Paprika gefüllt

Zutaten

- 2 rote Paprika
- 150 g Schafskäse
- 50 g Crème fraîche
- 1 Knoblauchzehe, fein gehackt
- 1 TL Kräuter der Provence
- 4 Frühlingszwiebeln, in feine Ringe geschnitten
- 2 EL Panko-Mehl (Toastbrot ohne Rinde, fein gerieben)
- Salz, Pfeffer, Chilipulver

Paprika längs halbieren und entkernen.

Den Schafskäse zerbröseln und mit den anderen Zutaten, außer dem Panko-Mehl glattrühren. Mit Salz, Pfeffer und Chilipulver abschmecken und in die Paprikahälften geben.

Das Panko-Mehl über die Paprika streuen.

Grill für indirekte Hitze vorbereiten (180 °C) und die Paprika 15–20 Min. grillen.

Pim/Shutterstock.com

Zeitaufwand: ●●○

Schwierigkeit: ★☆☆

Grillen: direkt

Art: mit Schinken

Zutaten

- 12 große Champignons
- 4 Scheiben Serrano-Schinken (luftgetrockneter Schinken), fein gewürfelt
- 1/2 rote Zwiebel, fein gewürfelt
- 50 g Crème fraîche
- 100 g geriebener Bergkäse
- 2 EL Petersilie, fein gehackt
- Salz (o. z.B. aurelia Käsegewürz)
- Pfeffer
- 1 EL Öl

Champignons gefüllt

Die Stiele der Champignons entfernen und die Pilze aushöhlen. Die Stiele und das Champignonfleisch fein würfeln, mit den restlichen Zutaten vermengen, mit Salz und Pfeffer abschmecken.

Die Innenseite der Champignons mit Salz und Pfeffer würzen. Die Füllung in die Champignons geben.

Den Grill für direkte, mittlere Hitze vorbereiten und die Champignons ca. 10 Min. grillen.

Pim/Shutterstock.com

Zeitaufwand: 2 von 3 Uhren

Schwierigkeit: ★☆☆

Grillen: direkt

Art: mit Schwein

Zutaten

- 50 g Speckwürfel
- 200 g Kidneybohnen, aus der Dose
- 100 g Mais, aus der Dose
- 1 kleine Zwiebel, fein gewürfelt
- 1/2 Dose geschälte Tomaten, grob gehackt
- 1 TL Chilipulver
- 1 EL Worcestersauce
- 1 EL brauner Zucker
- 1/2 TL Senf
- 1/2 TL Salz
- 1/2 Tasse Rotwein

Cowboy Beans

Den Grill für den Wok bei direkter, mittlerer Hitze (180 °C) vorheizen.

Den Speck kurz anbraten. Die Zwiebeln hinzufügen und leicht anschwitzen.

Die Bohnen und alle anderen Zutaten (außer Salz) dazugeben.

Im Wok einköcheln lassen und dabei gelegentlich umrühren. Falls nötig mit Salz abschmecken.

Tipp

Als vegetarisches Gericht einfach den Speck weglassen.

nld/Shutterstock.com

Zeitaufwand: ●●○

Schwierigkeit: ★☆☆

Grillen: indirekt

Art: vegetarisch

Zutaten

- 2 große Süßkartoffeln, gegart in der Schale
- 120 g Mozzarella, gewürfelt
- 120 g Cheddar, gerieben
- 120 g Parmesan
- 100 g Schmand
- 4 Stangen Frühlingslauch, in feine Ringe geschnitten
- Saft und Schale einer Limette
- Salz, Pfeffer

Wissens-wert

Süßkartoffeln gefüllt

Die gegarten Kartoffeln längs halbieren und das Innere bis auf 5 mm an den Rändern aushöhlen.

Dieses durch eine Kartoffelpresse drücken.

Das Püree mit dem Schmand, den verschiedenen Käsesorten, dem Frühlingslauch und der Limette vermischen.

Gut mit Salz und Pfeffer abschmecken.

Die Füllung wieder in die ausgehölten Kartoffeln geben und bei indirekter Hitze ca. 20–30 Min. bei 180 °C grillen.

Cheddar ist ein aus Kuhmilch hergestellter Käse mit etwa 48% Fett in der Trockenmasse. Er reift durchschnittlich zwei bis drei Monate. Charakteristisch ist die goldgelbe Farbe.

Zeitaufwand: ●●●

Schwierigkeit: ★★☆

Grillen: indirekt

Art: mit Schwein

Knödel im Strudelteig

Zutaten

- 8 Scheiben Toast, gewürfelt
- 125 ml Milch
- 2 Eier
- 60 g Speckwürfel
- 1 Zwiebel, fein gewürfelt
- 60 g Butter
- 2 EL Petersilie, fein gehackt
- 30 g Mehl
- 1 Prise Muskat
- Salz, Pfeffer
- 2 Strudelteigblätter (Yufka Teig)

Den Speck in einem Topf anbraten, die Zwiebelwürfel dazugeben und kurz gemeinsam braten.

Milch und Butter dazugeben und die Butter in der Milch schmelzen lassen. Als letztes das Mehl mit einem Schneebesen klumpenfrei einrühren.

Die fertige Masse über die Brotwürfel geben und vorsichtig unterheben. Eier und Petersilie untermischen und alles mit Pfeffer, Salz und Muskat abschmecken.

Die Strudelblätter auslegen und mit der Knödelmasse gleichmäßig bestreichen.

Von der langen Seite her aufrollen und bei indirekter, niedriger bis mittlerer Hitze (150–160 °C) ca. 45 Min. indirekt garen.

Vorsichtig in Scheiben schneiden und servieren.

Zeitaufwand: ●●○

Schwierigkeit: ★★☆

Grillen: direkt

Art: vegetarisch

Zutaten

- 250 g weiche Butter
- 250 g brauner Zucker
- 2 Päckchen Vanillezucker (o. z.B. aurelia Vanillezucker)
- 1 Prise Salz
- 5 Eier
- 500 g Mehl
- 1 Päckchen Backpulver
- Milch
- Fett zum Backen

Belgische Waffeln

Butter und Zucker aufschlagen. Danach Vanillezucker und Salz unterrühren. Anschließend die Eier nacheinander unterrühren. Mehl und Backpulver dazugeben. Nach und nach so viel Milch zugeben bis ein dickflüssiger Teig entstanden ist.

Grill für direkte Hitze (180 °C) inklusive Waffeleinsatz vorbereiten.

Den Waffeleinsatz einfetten und einen großen Esslöffel Teig hineingeben.
2 Min. backen lassen, dann das Waffeleisen drehen. Wieder 2–4 Min. backen.

Die Waffel ist fertig, wenn sie goldbraun ist.

Zeitaufwand: 2 von 3

Schwierigkeit: ★☆☆

Grillen: indirekt

Art: vegetarisch

Zutaten

- 2 Blätter Strudelteig (Kühltheke)

Füllung

- 5 Löffelbiskuits
- 1 Ei
- 250 g Quark
- 60 g Zucker
- 1 Päckchen Vanillezucker (o. z.B. aurelia Vanillezucker)
- Saft und Schale von 1/2 Bio Zitrone
- 1 EL Rum
- 40 g Rosinen
- 1 Prise Salz

- 2 EL zerlassene Butter

Zwetschgenröster

- 500 g Zwetschgen
- 125 g Zucker
- 125 ml Rotwein
- 1 Zimtstange
- 3 Nelken

Quarkstrudel
mit Zwetschgenröster

Quarkstrudel

Grill auf indirekte Hitze (180 °C) vorbereiten. Die Löffelbiskuits in 1 cm große Stücke schneiden und mit den restlichen Zutaten zur Füllung verrühren.

Die Teigblätter mit einem Teil der Butter bestreichen, die Füllung auf 2/3 des Teiges verteilen. Darauf achten, dass ein Rand von 3 cm frei bleibt. Den Strudel aufrollen und auf einen mit Backpapier belegten Pizzastein geben.

Die Oberfläche mit Butter bestreichen und ca. 30 Min. goldbraun grillen.

Zwetschgenröster

Die Zwetschgen waschen, halbieren und entkernen.
Den Zucker leicht karamellisieren, die Zwetschgen dazugeben, kurz durchrösten und mit Rotwein ablöschen.
Zimtstange und Nelken beigeben und langsam weichköcheln.

Dauert ca. 1,5–2 Stunden.

Saucen

BBQ- Sauce

6 Personen

- 150 ml Apfelsaft
- 150 ml Ketchup
- 3 EL Apfelessig
- 1 EL Dijonsenf
- 1 EL Worcestersauce
- 1/2 TL Chilipulver
- 1/2 TL Knoblauchgranulat
- 1/4 TL gemahlener schwarzer Pfeffer

Alle Zutaten in einen Topf geben und bei mittlerer Hitze 5-10 Min. köcheln lassen. Topf vom Herd nehmen und abkühlen lassen.

Tipp

Wer die Sauce rauchiger mag, gibt noch 1 EL Smoke-Oil (geräuchertes Öl) hinzu.

Fruchtige Currysauce

4 Personen

- 1 Zwiebel
- 1 EL Olivenöl
- 60 ml Sahne
- 200 g feines Apfelmus
- 1 TL Senf
- 1 TL Gemüsebrühe
- Salz
- frisch gemahlener Pfeffer
- 1 EL Currypulver

Die Zwiebel sehr fein hacken und in Olivenöl glasig andünsten.
Mit der Sahne ablöschen und das Apfelmus dazufügen. Kurz aufkochen lassen. Senf, Gemüsebrühe, Salz, Pfeffer und Currypulver unterrühren, und abschmecken. Abkühlen lassen.

Guacamole

4 Personen

- 1 Avocado
- 1/2 rote Chilischote
- 1/2 Limette (Saft + Abrieb)
- 1 1/2 EL Olivenöl
- Salz, Pfeffer, Zucker

Die Avocado halbieren, den Kern entfernen und das Fruchtfleisch aus der Schale lösen.
Die Chilischote entkernen und fein würfeln. Die Avocado zerdrücken und mit dem Limettensaft, Abrieb, Chili, Öl vermischen.
Mit Salz, Pfeffer und einer Prise Zucker abschmecken.

Limetten-Aioli

4 Personen

- 2 Eigelbe
- 1 TL Senf
- Salz, Pfeffer
- 2 Schuss Limettensaft + Abrieb einer Limette
- 180 ml gutes Öl

Die Eigelbe, Senf und Limettensaft und Abrieb mit dem Stabmixer aufschlagen, und das Öl langsam hineinfließen lassen.
Mit Salz und Pfeffer würzen.

Zitrus-Frischkäse-Dipp

8 Personen

- 500 g Quark Doppelrahmstufe
- 1 Becher Crème fraîche
- 50 ml Sahne bzw. Milch
- 1 Limette
- 1 Orange
- 3 Knoblauchzehen
- frische Kräuter wie: Rosmarin, Thymian, Salbei, Oregano, Liebstöckel, Bohnenkraut

Die Knoblauchzehen mit den Kräutern fein hacken.
Anschließend die Orange und die Limette mit warmen Wasser waschen.
Mit einem Zestenreißer oder Reibe die Schale abreiben. (Bitte nur die Schale, da das weiße Schutzfleisch sehr bitter schmeckt.)
Die Orange und Limette halbieren und den Saft in eine Schüssel pressen.
Die restlichen Zutaten und gehackten Kräuter, Knoblauch dazugeben und gut verrühren.
Mit Salz und Pfeffer abschmecken.

GRILLEN

im Winter

Zeitaufwand: 3 von 3
Schwierigkeit: ★★☆
Grillen: indirekt
Art: mit Schwein

Zutaten

Teig

- 320 g Mehl
- 90 g Butter
- 70 ml Wasser, kalt
- 1 EL Essig
- Salz

Füllung

- 100 g gekochter Schinken, gewürfelt
- 2 dünne Stangen Lauch, in dünne Scheiben geschnitten
- 1 kleine Zwiebel
- 1 EL Öl
- 50 g Gouda, grob gerieben
- Etwas milder Chili, Muskatnuss

Guss

- 300 g Sahne
- 5 Eigelb
- Salz
- Pfeffer

Quiche Lorraine

Für den Boden die Zutaten zu einem geschmeidigen Teig kneten. In Klarsichtfolie eingewickelt eine Stunde kalt stellen. Die Zwiebel, den Schinken und den geschnittenen Lauch in etwas Öl anbraten und zur Seite stellen.

Eine Backform einfetten. Den Teig 3 mm dick ausrollen und in die Form legen. Den Teig mit einer Gabel mehrmals einstechen, mit Backpapier belegen und mit den Hülsenfrüchten beschweren.

Den Boden im vorgeheizten Grill (180 °C) indirekt etwa 15 Min. backen. Dann die Hülsenfrüchte entfernen und weitere 5 Min. backen. Die Form aus dem Grill nehmen und abkühlen lassen.

Die Zwiebel-Schinken-Lauch Mischung auf dem Boden verteilen. Den Käse darüber streuen. Mit Chili und Muskatnuss würzen.

Nun die Sahne mit den Eigelben verquirlen, ebenfalls würzen, und darüber gießen. Die Quiche im Grill etwa 30 Min. bei 180 °C indirekt backen.

Zeitaufwand: ●○○
Schwierigkeit: ★☆☆
Grillen: direkt
Art: mit Fisch

Zutaten

- 800 g Räucherlachs, geschnitten
- 4 St. Wraps (20 cm Durchmesser)
- 2 EL Petersilie glatt, feingeschnitten
- Salz und Pfeffer aus der Mühle
- Etwas Rapsöl zum Einpinseln der Wraps

Guacamole

- 1 Avocado
- 1/2 rote Chilischote
- 1/2 Limette (Saft + Abrieb)
- 1 1/2 EL Olivenöl
- Salz, Pfeffer, Zucker

Wraps mit Räucherlachs

Die Avocado halbieren, den Kern entfernen und das Fruchtfleisch aus der Schale lösen. Die Chilischote entkernen und fein würfeln. Die Avocado zerdrücken und mit dem Limettensaft, Abrieb, Chili, Öl vermischen.

Mit Salz, Pfeffer und einer Prise Zucker abschmecken.

Die Wraps auslegen und mit der Guacamole dünn bestreichen.
Die Räucherlachsscheiben gleichmäßig auf den Wraps verteilen.
Die Wraps zusammenrollen oder klappen. Den Grill für direktes Grillen, mittlere Hitze (160 °C) vorbereiten.

Kurz vor dem Auflegen die Wraps mit dem Öl dünn bestreichen. Von beiden Seiten ca. 3–4 Min. grillen.

Wissenswert

Guacamole ist ein Avocado-Dip aus der mexikanischen Küche. Die Creme wird zu Taquitos, Tortilla-Chips oder als Beilage zu Fleisch gegessen.

Zeitaufwand: ◔◔◔

Schwierigkeit: ★☆☆

Grillen: indirekt, direkt

Art: mit Schwein

Zutaten

- 1 kg Kartoffeln, gewürfelt und 10 Min. angegart
- 2 Zwiebeln gewürfelt
- 1 Stange Lauch
- 2 Karotten geschält, in feine Würfel geschnitten
- 2 Stangen Staudensellerie, in feine Würfel geschnitten
- 2 Knoblauchzehen, geschält, in dünne Scheiben geschnitten
- 100 ml Weißwein
- 500 ml Gemüsefond
- 500 ml Sahne
- Salz, Pfeffer, Muskat
- Rauchsalz
- 1 EL Öl
- 200 g Chorizo, gewürfelt
- 4 Handvoll Räucherchips Apfel (1 Stunde gewässert)

Kartoffelsuppe

geräuchert

Die Kartoffelwürfel in einen Grillkorb geben.
Diesen bei indirekter Hitze (180 °C) auf den Grill stellen und durch Zugabe von den Räucherchips ca. 20 Min. garen.
Es sollte immer Rauch produziert werden, also ggf. nochmals Chips nachlegen.

Im vorgeheizten Gusstopf das Rapsöl erhitzen und Zwiebeln, Karotten, Lauch und Sellerie darin anschwitzen.
Mit Weißwein ablöschen und Knoblauch hinzufügen. Die Gemüsebrühe hineingeben und bei geschlossenem Deckel 10 Min. köcheln lassen.
Die geräucherten Kartoffeln dazugeben. Nach 10 Min. die Sahne in die Suppe einrühren, und nochmals 5 Min. köcheln lassen. Mit Salz, Pfeffer und Muskat abschmecken.

Währenddessen die Chorizowürfel in einer Pfanne wie Speck anbraten. Die Suppe mit den knusprigen Chorizo-Würfeln servieren.

Wissenswert

Chorizo ist eine würzige, feste, grobkörnige, mit Paprika und Knoblauch gewürzte Rohwurst vom Schwein aus Spanien und Portugal. Paprika gibt ihr eine rote Farbe und trägt zum typischen Geschmack bei.

Zeitaufwand: ●○○

Schwierigkeit: ★☆☆

Grillen: indirekt, direkt

Art: vegetarisch

Zutaten

- 200 g Weichkäse (Brie, Taleggio)
- 80 g gehackte Walnüsse oder Haselnüsse
- 4 EL Honig
- 2 frische Feigen
- 2 EL Feigensenf
- Crema di Balsamico

Käse gegrillt

Weichkäse in 4 Teile scheiden und auf einem Zedernholzbrett bei indirekter Hitze (140–160°) 2–3 Min. grillen bis der Käse anfängt weich zu werden. Die Feigen vierteln und bei direkter Hitze auf der Schnittfläche kurz angrillen. Den Honig unter die Nüsse mischen. Den Feigensenf auf den Teller streichen und den Käse darauf setzen. Die Nuss-Honig-Mischung auf den Käse geben und die Feigen um den Käse verteilen.

Etwas Balsamico-Creme darüberträufeln.

Wissens-wert

Aceto balsamico oder Balsamessig ist ein Essig aus der italienischen Provinz Modena. Er zeichnet sich durch eine dunkelbraune Farbe und einen süßsauren Geschmack aus. Der Name verweist auf den wohlriechenden Charakter (Balsam bedeutet „Wohlgeruch") dieses Essigs.
„Aceto Balsamico Tradizionale di Modena" wird nach alter Rezeptur hergestellt. Es sollten nicht mit dem „Aceto Balsamico di Modena" verwechselt werden, er ist für die breite Masse hergestellt.

Natalia Hubbert/Shutterstock.com

Zeitaufwand: ●●○

Schwierigkeit: ★☆☆

Grillen: direkt

Art: mit Fisch, mit Schwein

Zutaten

- 8 Jakobsmuscheln
- 4 Scheiben Serrano-Schinken
- 1 Knoblauchzehe
- 3 EL Olivenöl
- 1 Zitrone
- Holzspieße

Jakobsmuscheln mit Speck

Knoblauchzehe fein würfeln.
Zitronenschale abreiben. Beides mit Olivenöl mischen und die Jakobsmuscheln 2 Stunden darin marinieren.

Den Schinken längs halbieren und die Muscheln damit umwickeln. Evtl. mit einem Holzspieß feststecken.
Grill vorheizen, und die Muscheln bei direkter Hitze (140 °C) mit offenem Deckel von jeder Seite 3–4 Min. grillen.

Wissenswert

Serrano-Schinken ist ein spanischer, luftgetrockneter Schinken. Typisch für den Serrano-Schinken ist sein mageres, kaum fettmaseriertes Fleisch mit mildaromatischer Note. Für Serrano-Schinken wird das Fleisch hellhäutiger Hausschweine verwendet.

nld/Shutterstock.com

Zeitaufwand: ●●○
Schwierigkeit: ★☆☆
Grillen: direkt
Art: mit Rind

Flank Steak-Fajitas

Zutaten

- 400 g Flank Steak
- 1 Gemüsezwiebel
- 1 rote Paprika
- 1 gelbe Paprika
- Thymian
- Olivenöl
- Grobes Meersalz
- Pfeffer
- 6 Tortilla Wraps

Zwiebel, Paprika, Knoblauch, Öl und Thymian in einer großen Schüssel mit Salz und Pfeffer geben.
Würzen und gut vermischen. Das Gemüse in einer Grillpfanne verteilen und über direkter starker Hitze bei geschlossenem Deckel 5–6 Min grillen, bis es leicht gebräunt und weich ist. Ab und zu wenden.

Währenddessen das Flank Steak kurz scharf angrillen und bei indirekter Hitze bis zum gewünschten Garpunkt bei 58 °C grillen.
Auf dem Schneidebrett 3–5 Min. ruhen lassen.
Dann quer zur Faser in sehr dünne Streifen schneiden.

Die Wraps kurz auf dem Grill warm werden lassen und mit Gemüse und den Steakstreifen füllen.

Wissenswert

Die Flank Steaks werden aus dem Bauchlappen bzw. Dünnung, sprich Flanke, geschnitten. Das Fleisch sollte quer zur Faser aufgeschnitten werden.

Zeitaufwand: ●●●
Schwierigkeit: ★★☆
Grillen: direkt
Art: mit Huhn

Zutaten

- 500 g Hähnchenbrust, in dünne Streifen geschnitten
- 300 ml Kokosmilch
- 300 ml Hühnerbrühe
- 1 EL rote Currypaste
- 2 Zitronengras (plattiert)
- 300 g Wokgemüse (Paprika, Bambussprossen, Zucchini, Pilze, Brokkoli)
- 5 Frühlingszwiebeln, in 3 cm breite Streifen geschnitten
- 1 Babyananas, geschält und gewürfelt (1/2 cm Kantenlänge)
- Sojasauce, hell
- Fischsauce, japanisch
- 1 EL Korianderblätter, grob gehackt
- Erdnussbutter
- Erdnussöl

Tom Kha Gai-Suppe

Grill für direkte Hitze (200 °C) inklusive Wok Einsatz vorbereiten.
Etwas Erdnussöl im Wok-Einsatz erhitzen und das Hähnchenfleisch darin kurz anbraten. Herausnehmen und beiseite stellen. Mit Soja- und Fischsauce würzen.

Das Wokgemüse anbraten.

Die Kokosmilch zusammen mit der Hälfte der Brühe, dem Zitronengras und der Currypaste in den Wok Einsatz geben und aufkochen.

Die Frühlingszwiebeln hinzufügen und 5 Min. köcheln lassen.
Jetzt das Fleisch hinzugeben und weitere 5 Min. köcheln lassen.
Gegebenenfalls etwas Brühe nachfüllen. Zum Schluss die Ananas hineingeben.
Nochmals abschmecken.

Zeitaufwand: ●○○

Schwierigkeit: ★☆☆

Grillen: indirekt

Art: mit Schwein

Zutaten

- 800 g Schweinenacken
- 2 EL grober Senf
- 2 EL Honig
- 1 EL Olivenöl
- 1 EL grobes Meersalz
- 4 EL Kräuter der Provence

Schweinebraten provencale

Alle Zutaten vermischen und das Fleisch von allen Seiten gut einstreichen.

Den Braten in den Bratenkorb legen, und bei indirekter Hitze (140–160 °C) ca. 1 Stunde grillen.

Zeitaufwand: ◔◔○
Schwierigkeit: ★☆☆
Grillen: indirekt
Art: mit Gans

Zutaten

4–6 Personen

- 1 Gans 4–6 kg
- 8 Zwiebeln, geschält und geviertelt
- 4 EL Thymianblättchen
- Salz, Pfeffer

Gans

Die Gans waschen und von innen und außen gut salzen und pfeffern. Mit den Thymianblättern gut einreiben.

Die Zwiebeln in die Gans füllen, und mit Zahnstochern zustecken. Die Flügel am besten mit Bratenschnur an die Gans binden.

Die Gans auf den Drehspieß stecken, alternativ im indirekten Grillbereich platzieren.

Über einer großen Alutropfschale bei indirekter, mittlerer Hitze (160–180 °C) ca. 2 Stunden grillen. Dabei immer wieder mit dem aufgefangenen Saft übergießen.

Die Gans ist fertig, wenn klarer Fleischsaft beim Einstechen aus der Brust läuft.

Zeitaufwand: ●●○

Schwierigkeit: ★☆☆

Grillen: indirekt

Art: vegetarisch

ZUTATEN

- 600 g mehlig kochende Kartoffeln
- 100 ml Sahne
- 1/2 Bund Schnittlauch
- 1/2 Bund Petersilie, glatt
- 6 Blatt Basilikum
- 1 Prise Muskat
- 2 EL Olivenöl oder Trüffelöl
- Salz und Pfeffer aus der Mühle

Kartoffelstampf

mit Kräutern

Kartoffeln waschen, kochen, oder auf dem Grill bei indirekter Hitze (ca. 130 °C) 35–40 Min. garen.

Die gegarten Kartoffeln durch eine Kartoffelpresse drücken. Die Schalen der Kartoffeln bleiben in der Presse zurück. (Hat man keine Presse, muss man die Kartoffeln vor dem Stampfen schälen.)

Die Kräuter fein schneiden und in die Kartoffelmasse geben. Die Sahne unterheben und vorsichtig rühren.

Den Stampf gut salzen, mit Muskat, Pfeffer und dem Öl abschmecken.

Pim/Shutterstock.com

Zeitaufwand: ●●○

Schwierigkeit: ★☆☆

Grillen: direkt

Art: vegetarisch

Zutaten

- 2 Stangen Lauch
- 1 Schalotte
- 1 Zehe Knoblauch
- 50 g Butter
- 250 g Risotto-Reis
- 150 ml Weißwein (Riesling)
- 700 ml Gemüsebrühe
- 100 g Gorgonzola
- 2 EL Sahne
- Muskatnuss, frisch gerieben
- Salz und Pfeffer aus der Mühle

Lauchrisotto mit Gorgonzola

Lauch waschen, putzen und in ca. 5 mm dicke Ringe schneiden. Knoblauch und Schalotte schälen und fein würfeln.

In einem Gusstopf (Dutch Oven) die Butter schmelzen, Schalotte und Knoblauch darin andünsten. Lauchringe dazugeben und ca. 2 Min. unter ständigem Rühren mitdünsten.
Den Reis dazugeben und 1 Min. mit anbraten. Alles mit Wein ablöschen und unter Rühren vollständig einkochen lassen.
Etwa die Hälfte der Gemüsebrühe in den Topf gießen und bei mittlerer Hitze und offenem Deckel köcheln lassen, bis die Flüssigkeit fast vollständig eingesogen ist. Dabei immer wieder gut umrühren.
Nach und nach den Rest der Brühe dazugeben und den Vorgang so lange wiederholen, bis der Reis bissfest und das Risotto sämig ist.
Den Gorgonzola in kleine Stücke schneiden und mit der Sahne zum Risotto geben.
So lange rühren, bis der Käse zerlaufen ist.

Mit Salz, Pfeffer und Muskat abschmecken und gleich servieren.

Zeitaufwand: ●○○
Schwierigkeit: ★☆☆
Grillen: direkt
Art: mit Schwein

Zutaten

- 1 Spitzkohl
- 200 g Speck
- 100 ml Sahne
- etwas Weißwein
- Salz, Pfeffer
- Olivenöl

Bayerisch Kraut

Den Spitzkohl ohne Strunk in feine Streifen schneiden.

Den Speck in Olivenöl anbraten, Kraut beimengen und kurz mitbraten.

Mit dem Weißwein und der Sahne ablöschen. Etwas einköcheln lassen.

Mit Salz und Pfeffer abschmecken.

Pim/Shutterstock.com

Zeitaufwand: ◔◔◔
Schwierigkeit: ★★☆
Grillen: direkt
Art: vegetarisch

Zutaten

- 1 große Zucchino ca. 350 g
- 50 ml Olivenöl
- Salz, Pfeffer aus der Mühle
- 200 g Feta
- 2 Knoblauchzehen
- 8 getrocknete Tomaten
- 2 Zweige Rosmarin
- 3 Stängel Petersilie
- 6 Walnusskerne
- 1–2 Löffel Walnussöl

Zucchinipäckchen gegrillt

Den Zucchino waschen, die Enden abschneiden. Den Zucchino der Länge nach in 1/2 cm dünne Streifen schneiden. Mit dem Olivenöl großzügig bepinseln und von einer Seite langsam ohne Deckel angrillen, bis ein Grillmuster entsteht. Mit Salz und Pfeffer würzen. Den Feta in 3 cm große Würfel schneiden.

Den Knoblauch schälen und mit den getrockneten Tomaten klein würfeln. Rosmarin und Petersilie waschen, trocken schütteln und die Nadeln bzw. Blätter fein schneiden. Die Walnüsse hacken. Knoblauch, getrocknete Tomaten, die Kräuter und die gehackten Nüsse mit dem Walnussöl vermischen. Alles mit Pfeffer würzen und 10 Min. ziehen lassen.

Jeweils 2 Zucchinischeiben zu einem Kreuz übereinander legen. Den Feta in die Mitte des Kreuzes legen, und einen Teelöffel der Kräuter-Tomaten-Mischung darauf geben. Die Seiten der Zucchinischeiben einschlagen und mit Zahnstochern fixieren. Die Päckchen auf dem Grill bei indirekter Hitze ohne Deckel ca. 8 Min. erwärmen.

Zeitaufwand: ●●○

Schwierigkeit: ★★☆

Grillen: indirekt

Art: vegetarisch

Zutaten

Kuchen

- 5 Eier
- 100 g Zucker
- 300 g Bitterschokolade
- 100 g Butter
- 2 EL Williams-Birnen Schnaps

Sabayon

- 7 Eigelbe
- 4 EL Zucker
- 125 ml Bockbier

Schokokuchen
mit Bier-Sabayon

Kuchen

Schokolade und Butter schmelzen.
Eiweiß mit 50 g Zucker zu steifem Schnee aufschlagen.
Die Dotter mit 50 g Zucker cremig aufschlagen. Die Eigelbmasse mit der Schokobutter vermischen und mit Williams-Birnen Schnaps aromatisieren. Dann vorsichtig den Eischnee unterheben. Den Teig in eine gebutterte Springform füllen.

Im vorgeheizten Grill bei indirekter Hitze (180 °C) ca. 30 Min. backen.

Sabayon

Die Eigelbe mit dem Zucker über einem Wasserbad schaumig schlagen. Während des Schlagens nach und nach das Bier zugeben.

Die Eigelbmasse darf nicht zu stark erhitzt werden (optimal bei ca. 70 °C), da sie sonst gerinnt.

Zeitaufwand: ◔◔○

Schwierigkeit: ★☆☆

Grillen: indirekt

Art: vegetarisch

Apple Crumble
mit Calvados

Zutaten

- 4 Äpfel
- 30 g Zucker
- 40 ml Calvados (Apfelbranntwein)

Streusel

- 100 g brauner Zucker
- 100 g Mehl
- 100 g Haferflocken
- 150 g weiche Butter
- 10 g Zimt

Die Äpfel schälen und in Spalten schneiden.
Mit Calvados und Zucker vermischen. In eine feuerfeste Form geben.

Für die Streusel alle Zutaten locker verkneten und über die Äpfel geben.

Grill für indirekte Hitze (170–180 °C) vorbereiten.

Auflaufform indirekt auf den Grill stellen und etwa 20 Min. grillen, bis die Streusel goldbraun sind.

Pim/Shutterstock.com

Wer gewinnt:
Gas oder Kohle?

Traditionalisten schwören auf die bewährte Holzkohle, Pragmatiker bevorzugen Gas.

Doch wer gewinnt das Duell – Gas oder Kohle?

„Ich heiz mal eben den Grill an!"
Diesen Satz hört man von Kohle-Grillern wie auch von Gas-Grillern. Aber während auf dem Gasgrill innerhalb kürzester Zeit losgebrutzelt werden kann, muss sich der Kohlegriller in Geduld üben. Circa 15–25 Min. dauert es bis die Kohle ordentlich im Anzündkamin durchgeglüht ist. Wer es also eilig hat, und schnell noch nach Feierabend etwas grillen möchte, für den ist ein Gasgrill eine gute Wahl.

Ein weiterer Vorteil ist die Hitzeregulierung des Gasgrills. Man kann sehr einfach über die Drehregler die Temperatureinstellung steuern.

Wenn man sich Zeit nehmen kann, ist der Holzkohlegrill eine tolle Wahl.

Im Holzkohlebereich gibt es zudem auch noch Kamado Grills, diese speichern durch ihre dickwandige Keramik die Wärme sehr gut. Mit diesen kann sehr gut mit niedrigen Temperaturen (wie mit einem Smoker), über lange Zeit und mit wenig Kohleverbrauch, arbeiten.

Das wichtigste Argument, das für den Kohlegrill spricht, ist für viele das typische Holzkohle Aroma.

Das ist natürlich im wahrsten Sinne des Wortes Geschmackssache.

Tja, und wer gewinnt denn nun?

Egal! Hauptsache es schmeckt allen!!!

Grillart	Anheizen	Kosten	Grilltemperaturbereiche
Holzkohlekugelgrill	15–25 min.	89,- bis 700,- EUR	120–300°C
	Vorteile: ursprünglicher Geschmack, gut zum Smoken		
	Nachteile: Anheizzeit, bei längerem Grillen schwankt die Temperatur		
Kamadogrill (Keramikgrill)	20–25 min.	995,- bis 2500,- EUR	80–450°C
	Vorteile: ursprünglicher Geschmack, gut zum Smoken, geringe Temperaturschwankungen		
	Nachteile: Anheizzeit		
Smoker	40–60 min.	800,- bis 6500,- EUR	70-180°C
	Vorteile: starker Rauchgeschmack		
	Nachteile: lange Anheizzeit, nur Niedertemperaturgrillen		
Pelletsgrill	15–20 min.	1500,- bis 4500,- EUR	100–350°C
	Vorteile: ursprünglicher Geschmack, gut zum Smoken, geringe Temperaturschwankungen		
	Nachteile: keine		
Elektrogrill	ca. 10 min.	300,- bis 1000,- EUR	160–280°C
	Vorteile: kurze Anheizzeit, geringe Temperaturschwankungen		
	Nachteile: Stromverbrauch		
Gasgrill	7–10 min.	300,- bis 6500,- EUR	120–700°C
	Vorteile: kurze Anheizzeit, geringe Temperaturschwankungen		
	Nachteile: schwierig zum Smoken		
Planchagrill	ca. 5 min.	100,- bis 500,- EUR	120–300°C
	Vorteile: kurze Anheizzeit, geringe Temperaturschwankungen		
	Nachteile: keine		

Impressum

AVA-Agrar Verlag Allgäu GmbH© • 1. Auflage 2017

Herausgeber & Verlag:
AVA-Agrar Verlag Allgäu GmbH
Porschestraße 2 • 87437 Kempten /Allgäu
Telefon: (08 31) 5 71 42-0 • Fax: (08 31) 7 90 08
E-Mail: vertrieb@ava-verlag.de • www.ava-verlag.de

Geschäftsführender Gesellschafter:
Dipl.-Ing. (FH) Wolfgang Kühnle

Redaktion & Konzept:
Anita Herta Kößler (verantwortlich),
Telefon: (08 31) 5 71 42-51 • E-Mail: a.koessler@ava-verlag.de

Layout:
Stefanie Ücker

Rezepte und Rezeptfotos:
Bianca und Mathias Kern

Bilder und Freisteller

Titel:	MaraZe/Shutterstock.com, Jag_cz/Shutterstock.com, stockcreations/Shutterstock.com
Hintergrund Holz:	Artem Shadrin/Shutterstock.com
Flamme:	Ecelop/Shutterstock.com
Grill:	AF studio/Shutterstock.com
Zeichen/Symbole:	Vlad Klok/Shutterstock.com, Mallinka1/Shutterstock.com, mashakotcur/Shutterstock.com
Vorwort:	Anita Herta Kößler
Frühling:	Syda Productions/Shutterstock.com
Sommer:	Syda Productions/Shutterstock.com
Herbst:	DisobeyArt/Shutterstock.com
Winter:	oneinchpunch/Shutterstock.com

Druck:
KKW-Druck GmbH
Heisinger Straße 17 • 87437 Kempten / Allgäu
Telefon: (08 31) 57 50-310 • Fax: (08 31) 57 50-360
E-Mail: kontakt@kkw-druck.de • www.kkw-druck.de

Noch Fragen oder Anregungen?
Der direkte Kontakt mit unseren LeserInnen liegt uns sehr am Herzen. Wenn Sie also Fragen, Rückmeldungen, Anregungen, Verbesserungsvorschläge oder Kritik zu diesem Buch haben, freuen wir uns sehr auf Ihre Nachricht. Sie erreichen uns am besten: via Mail a.koessler@ava-verlag.de oder telefonisch unter (08 31) 5 71 42-51. Wenn Sie uns im Internet besuchen möchten, dann finden Sie uns unter www.ava-verlag.de